Comunicación

Descubra técnicas de comunicación efectivas y barreras
de comunicación comunes a evitar

*(Cómo hablar poderosamente y desarrollar tus habilidades
de comunicación)*

Modesto Alvarado

Tabla De Contenidos

Aprender a formular preguntas 1

El diseñador de prendas de vestir 16

Usar un toque al hablar 30

Estrategias de Comunicación y Servicio y Cultura . 33

Contextos Críticos para la Formación en Línea 65

El valor de la familia 73

Los sentimientos comunes 87

El impacto que el ego tiene en tu vida y relaciones 115

El habla no verbal de los adultos 131

Aprender a formular preguntas

¿Alguna vez has tenido problemas para conectarte con otros? ¿Con tus compañeros? ¿Está tu equipo de acuerdo?
¿Es difícil comprender lo que está pasando? ¿Piensas que no tienen motivación y no sabes cómo cambiarlo?
En resumen, ¿consideras que no hay comunicación?

Podríamos investigar la situación y encontrar una solución. Además, tiene la oportunidad de usar tres recursos que están siempre a tu disposición pero que rara vez usamos.

Observar es el primer paso. Prestar atención y atención a lo que sucede en nuestro entorno. Debido a la rutina diaria, nos olvidamos de observar. Ignoramos los detalles y pasamos por delante de nuestra gente. Todas las veces que entramos, salimos, estamos en el despacho o citamos a alguien an una reunión. La antena de observación siempre debe estar encendida.

El siguiente paso es prestar atención. Ya hablamos de la escucha, pero es otra antena que debe estar activada siempre, al igual que la observación.

El tercer método es solicitar una consulta. Debemos consultar cualquier pregunta o inquietud.

¿Qué nos impide hacer preguntas? ¿Cuál es nuestro problema? ¿Realmente no poseemos conocimientos? ¿Demostrar que somos vulnerables? ¿Ignorantes? Nos resulta difícil hacer preguntas, pero debemos superarlo.

Preguntamos muchas cosas a lo largo del día. La mayoría de nosotros las hacemos sin darse cuenta. Cuando tenemos que preguntar algo en particular y la situación o el contexto son delicados, o nos exponemos a revelar nuestra ignorancia, surge el problema.

Las preguntas se hacen con el fin de obtener información. Pero también las usamos para hacer que la otra persona piense. Podemos ayudar a nuestro interlocutor a comprender el tema que estamos tratando. Podemos obligarlo an asumir la responsabilidad. Podemos lograr que se tome medidas en esa situación y tome medidas. Podemos despertar su curiosidad. Favorecer la comprensión. Realizar una evaluación de sus necesidades y preocupaciones. estimular la creatividad y la reflexión.
No es fácil hacer la pregunta adecuada en el momento adecuado. La respuesta que podamos obtener dependerá de cómo planteemos la pregunta.

¿Cómo debería ser una pregunta apropiada?

Una pregunta buena debe ser breve.

Las preguntas largas pueden confundir al proporcionar demasiada información. Una pregunta debe contener la información precisa y necesaria.

Una pregunta buena debe ser clara.

Simple para el receptor. Adaptada a su lenguaje si es necesario para asegurarnos de que nos comprenda y comprenda lo que queremos.

Una pregunta buena debe ser precisa.

La pregunta debe respaldar el objetivo. Dicho de otra manera, debe tener un propósito específico. Preguntémonos para qué la realizamos, qué queremos lograr y cual es nuestro objetivo para asegurarnos de que nuestra pregunta sea precisa.

Una pregunta debe ser adaptada.

para cada individuo, circunstancia, contexto, momento y propósito. Siempre debemos ajustar la pregunta. La misma pregunta no es útil en todas las situaciones.

Cuando se trata de identificar los tipos de preguntas, las primeras clasificaciones que vienen a la mente son las preguntas abiertas y cerradas.

Preguntas sin respuesta

Las respuestas desarrolladas surgen de preguntas abiertas. Se animan a seguir hablando. Invitan a pensar. En la mayoría de los casos, comienzan con adverbios o pronombres interrogativos, como quién, qué, dónde, cuándo, cómo, cuánto o cuál.

Por ejemplo, ¿cuál es tu opinión sobre esta idea? ¿Qué te parece la película? Evitemos las respuestas cerradas como "sí" o "no" mientras fomentamos el diálogo.

Utilizamos este tipo de preguntas para involucrar a nuestro interlocutor. Permita que comparta sus pensamientos y opiniones. Le brindamos la oportunidad de abrir. Es difícil que no nos den una respuesta clara an una pregunta. Igualmente, no recibimos la respuesta que esperábamos. Si esto sucede, es porque no hemos hecho la pregunta correcta.

Además, la respuesta an una pregunta abierta generalmente sirve como base para la creación de nuevas preguntas. Recibir información nos permitirá continuar preguntando y profundizar en la conversación.

Problemas resueltos

Su nombre hace referencia a que dan pie a respuestas cerradas. Respuestas rápidas y precisas que no fomentan la conversación.

Esto no quiere decir que sean peores preguntas; simplemente significa menos información. En ocasiones, esto es adecuado. Una pregunta cerrada puede ser la más adecuada según el momento y el contexto.

Suelen comenzar con un verbo y suelen recibir respuestas como "sí", "no", "quizás" o un dato o cifra específica. Las respuestas son cerradas y se responden con pocas palabras.
Algunos ejemplos incluyen: ¿Te gustaría que asistiéramos al cine? ¿Te ha resultado satisfactoria la reunión? ¿Prefieres la sacarina o el azúcar?

Además, las preguntas cerradas son muy útiles. Aunque no tendremos mucha conversación, sí podremos verificar algo o asegurarnos de que la otra persona nos entienda.

Podemos clasificar una pregunta según el propósito que queramos lograr, además de clasificarlas en abiertas o cerradas.

Preguntas sobre la conciencia

Son las que se mueven a tomar conciencia en situaciones específicas. Estos son algunos ejemplos de preguntas de este tipo:

¿Cuál es el resultado que esperas de lo que estás haciendo?

¿Qué errores cometes que podrían mejorarse?

¿Estás prestando atención?

¿Por qué...?

Preguntas relacionadas con la responsabilidad

aquellas que nos ayudan a definir la responsabilidad de alguien en una situación específica. Algunos ejemplos incluyen:

¿Cuál es tu función en el equipo?

¿Cuál es tu grado de autonomía al elaborar este proyecto?

¿De qué manera calculas tu contribución al equipo?

Preguntas para tomar medidas

aquellas que motivan an actuar, como

¿Cuándo planeas empezar?

¿Cuáles son las cosas que necesitas para lograr tu objetivo?

¿Cómo te sentirás después de terminar el proyecto?

Algunos de mis clientes también han tenido que enfrentarse a personas de su equipo que constantemente les preguntan lo que deben hacer. Acuden a su superior para buscar la mejor solución ante cualquier duda, conflicto o situación que no sepan manejar.

Como líderes de equipos, a menudo estamos muy ocupados. La práctica más común es ofrecer una respuesta y finalmente resolver el problema. "Ejecuta esto..." "Responde así a tu cliente..." Espera algo o algo... Haría esto en tu lugar y así sucesivamente.

Los dos inconvenientes de esta costumbre de estar siempre asumiendo la responsabilidad de todo lo que sucede y dando soluciones a cualquier cuestión que nos planteen son los siguientes:

Para empezar, eliminamos la responsabilidad de los miembros de nuestro equipo por sus acciones. Si algo sale mal debido a las instrucciones que le hemos dado en respuesta a su petición, nuestro colaborador siempre podrá justificar que ha seguido las instrucciones de su jefe. Elude su responsabilidad y tiene razón.

El segundo problema es que generalmente se convierte en costumbre, lo que resulta en una sobrecarga de trabajo para nosotros y hace que nuestro equipo deje de pensar por sí mismo. Vendrán a preguntarnos incluso por las preguntas más básicas.

Preguntar es una forma de resolver estas circunstancias. Por lo tanto, lograremos que nuestro colaborador sea consciente de la situación, tome la iniciativa y tome su parte de responsabilidad. Le estaremos enseñando a hacer las cosas ahora.

Por ejemplo, un vendedor de nuestro equipo nos visita. No sabe cómo tratar an un cliente que no ha pagado sus facturas más recientes. Siempre ha sido un cliente amable. Si no lo satisfacemos debido a la falta de pago de nuestras facturas, tiene la opción de pasar a la competencia. Si le brindamos nuestra asistencia, es posible que continúe sin satisfacer nuestros servicios mientras aumenta su deuda.

Podemos ofrecerle una respuesta precisa. Por lo tanto, nuestro vendedor reduce un peso y si el cliente se marcha o sigue sin pagar, no le afectará tanto. Después de todo, fue la decisión del líder.

Pero podemos animarle an elegir la mejor opción. Podemos preguntarle: "¿Cuál es tu opinión sobre lo que deberíamos hacer?" Él es tu cliente. ¿Cuál será tu decisión? ¿Cuáles son nuestras opciones? ¿Cuál sería el resultado si...?"

En pocas palabras, preguntas que le hagan pensar y asumir sus responsabilidades. Haciendo las preguntas adecuadas, podemos guiarlo. Tal vez tengamos la solución muy clara. Aunque es muy probable que podamos brindarle la mejor respuesta posible a nuestro vendedor, nuestra responsabilidad y función no se limita a dar respuestas. Además, debemos dirigir, capacitar, exhibir y liderar a nuestro equipo. Estaremos enseñando a nuestro vendedor a ser más productivo y responsable respondiendo a sus preguntas y haciéndole reflexionar, lograremos solucionar el problema y además lograremos enseñar a nuestro vendedor a ser más productivo y responsable. Estaremos trabajando juntos. ¿Necesitaremos más tiempo? Aunque es cierto, el resultado vale la pena.

Recuerda: a la hora de hacer una pregunta, debes tener claro lo que quieres saber. La pregunta debe ser breve, comprensible, precisa y adaptada. Elige el tipo de pregunta según el contexto y el propósito. Y tenga en cuenta que hacer preguntas no es solo obtener información. Las preguntas bien pensadas nos ayudan a pensar y hablar. Las preguntas malas no existen, pero las respuestas malas sí.

El diseñador de prendas de vestir

Desde al menos hace 20 años, Al Ries ha sido uno de los principales expertos en marketing en Estados Unidos. Este autor ha generado controversia en el management internacional desde la creación del concepto de posicionamiento, que le permitió a muchas empresas comprender cómo comunicarse con los consumidores con sus productos y servicios, hasta las 22 leyes inmutables de branding y marketing. No solo eso, sino que también llamó la atención de los creativos publicitarios al señalar que las relaciones públicas gradualmente reducirán los fondos para sus actividades. Su última gran polémica fue asegurarse de que el branding controlará el lugar y la importancia del marketing en la actualidad. En esta entrevista exclusiva con Infobrand, se opone a la convergencia de servicios de las agencias de publicidad, critica la falta de foco de negocio de Sony, señala la ineficacia del marketing directo y desatiende las calificaciones de valor de marca anuales de Interbrand. Finalmente, vuelve a la rutina y genera una nueva controversia que activa las bases del marketing global.

Hace poco más de 20 años, Al Ries y su colega Jack Trout establecieron los conceptos de enfoque (enfocarse) y posicionamiento, lo que provocó una revolución en la forma en que las empresas ganaron competitividad. El autor afirma que si todas las empresas intentaran simplemente satisfacer las necesidades del consumidor, ofrecerían productos casi idénticos y estarían muy poco competitivas. La empresa debe enfocarse en la competencia, encontrar puntos débiles en el mercado y luego atacar esos puntos para tener éxito. Por lo tanto, se trata de posicionarse en aspectos cruciales y distintivos para el consumidor.

En los años 90, afirmó que "Las Relaciones Públicas son las que logran la construcción de marcas globales; la publicidad, por otro lado, es responsable de lograr la explosión de ventas de los productos de esa marca". Para terminar de convencer a los anunciantes, mencionó frases como: "La publicidad no tiene credibilidad absoluta porque es hablar bien de uno mismo", "Las Relaciones Públicas logran credibilidad por el "efecto de la tercera parte", donde se considera que una tercera parte es mucho más imparcial para demostrar las bondades de una marca", "La publicidad solo busca creatividad, mientras que las Relaciones Públicas necesitan conceptos, de

Empecemos por lo más desafiante. ¿Podría decirnos qué es el branding y para qué se usa?

El proceso de establecer una posición favorable para un producto o servicio de una empresa en las mentes de los consumidores se conoce como branding. Aunque las empresas poseen fábricas y marcas registradas, los consumidores son los auténticos dueños de las marcas. En su libro Focus, publicado hace casi 10 años, señaló que el futuro de las empresas dependerá de su capacidad para utilizar la gestión de marketing. ¿De qué manera ha evolucionado ese escenario desde entonces?

Creo que el marketing es aún más importante en la actualidad que en el pasado cercano. Casi todas las marcas globales que han logrado algo recientemente han sido antes casos exitosos de marketing en lugar de productos. El iPod de Apple, Red Bull y Starbucks son algunos de los ejemplos.
¿Qué se puede aprender de la revolución económica asiática y su marketing en un mundo cada vez más globalizado?

Asia es la única región del planeta que demuestra la capacidad de concentrarse. Sony, por ejemplo, ha violado muchas de nuestras reglas de marketing, especialmente las que señalan los peligros de la expansión de línea, y todavía está luchando por sobrevivir. Sony obtuvo apenas un 1 % de beneficios netos después de impuestos en los últimos diez años.

Adicionalmente, aceptamos que cuando una empresa japonesa con una trayectoria similar a la de Sony nombra an un inglés, en este caso Howard Stringer, como director ejecutivo, se debe a que está enfrentando problemas significativos. Nintendo, por otro lado, alcanzó beneficios netos del 14.6 por ciento después de impuestos durante los últimos 10 años. Sony domina todo. Nintendo se enfoca en los videos juegos y sus usuarios. Además, Nintendo y Sony son líderes en videojuegos. Lamentablemente, la mayoría de las empresas globales aspiran a ser similares a Sony en lugar de imitar a Nintendo. Otros fabricantes como Samsung y Toshiba intentan vender todo bajo una sola marca, pero esta táctica falla a la larga en la creación de marcas sólidas. Creo que Playstation es la marca más exitosa de Sony en lugar de Sony.
Instrucciones para comenzar ¿Cuál es la herramienta de marca más importante que cree que debe usar una empresa que está comenzando a funcionar?

Ser el primero en una nueva categoría es fundamental. Es lo que hizo famosas a las marcas que antes mencionábamos: Red Bull, la primera bebida energizante; Starbucks, la primera cadena de cafeterías con valor agregado; y el primer reproductor MP3 de alta capacidad.

¿Cree que podría organizar las siguientes herramientas de marketing en función de lo importantes que son para una empresa que opera en un mercado masivo?

Marketing: El marketing abarca todas las actividades que la empresa realiza a nivel externo, en lugar de internas, como finanzas, producción y relaciones con los empleados. El marketing ayuda a la empresa a conectarse con sus clientes actuales y potenciales, que incluyen los medios, el gobierno y otras entidades externas que pueden ayudar o dificultar su éxito.

Branding: En las mentes de los clientes y los prospectos, las marcas pueden permanecer o desaparecer. Finalmente, el objetivo de un programa de marketing es construir una marca.

La publicidad es solo una herramienta de un programa de marketing. La publicidad puede ser parte o no de un programa de marketing dependiendo de las circunstancias. Las relaciones públicas son esenciales para el desarrollo de la marca. Una vez que las relaciones públicas han construido las marcas, la publicidad es necesaria para mantenerlas.

Diseño y empaque: El empaque y el diseño son componentes adicionales de un programa de marketing. Antes de considerar cualquier diseño, es importante tomar una decisión sobre la estrategia de marketing de la empresa. Estrategia primero, diseño después.

La mayoría de las marcas dependen de las relaciones públicas, aunque hay algunas excepciones. Nuestro lema es "Las relaciones públicas primero, la publicidad después". Los productos como el alcohol y los cigarrillos, que son difíciles de comunicar en relaciones públicas, y los productos para niños, como los chicles y los caramelos, son excepciones por la misma razón.

Marketing Directo: Otra herramienta de marketing que funciona bien con algunas cosas pero no siempre. El marketing directo se está volviendo una herramienta ineficaz en el mix de marketing debido a los altos costos.

Construir el branding

¿Es el marketing un verdadero aliado para la convergencia de productos y servicios bajo una sola marca?

El marketing se vuelve aún más importante si el servicio se incluye en los beneficios del producto que un cliente compra. Si los clientes confían en que una empresa les brindará un servicio adicional para mantener el producto en el futuro, serán más propensos a comprarlo de esa empresa. Pero si se está vendiendo un producto y un servicio para el futuro, se requiere una marca muy fuerte.

¿Qué conclusión de su libro The Origin of Brand es la más significativa para usted?

A pesar de la gran cantidad de información disponible sobre el tema de la convergencia, está ocurriendo lo completamente opuesto. Una "divergencia" es evidente. Por lo tanto, cada categoría está divergiendo y se transforma en dos o más nuevas categorías. Cuando se llamaba computadora central, se usaba simplemente como computadora. Hoy en día, existen computadoras de mano, portátiles, de escritorio y de rango medio. La computadora no se concentró en ningún otro producto; en cambio, se diversificó.

¿Cuál será su perspectiva sobre el futuro de la marca enfocada en la comercialización y la valuación financiera?

Ayudar a los productos y servicios es, en gran medida, el aspecto más importante del branding (o de construir una marca). El valor financiero de una marca (calculado por Interbrand y otras empresas similares) es principalmente un ejercicio de orgullo para hacer que los gerentes de las empresas de ese ranking se sientan satisfechos con su marca. Es poco probable que alguien compre una marca basándose únicamente en su valor intangible. Según el valor de sus ventas y ganancias netas, pueden decidir comprar una marca.

Creatividad y Marketing

¿Cuál será el papel y la cultura de la agencia de publicidad tradicional en el futuro?

La agencia de publicidad tradicional ha sobrevivido a muchos cambios en el marketing, como el surgimiento de las relaciones públicas y los medios alternativos como Internet. Creo que la agencia de publicidad tradicional tiene un futuro brillante, especialmente si se enfoca en mantener las marcas que ya existen. Si una agencia publicidad tradicional expande sus servicios para incluir relaciones públicas o marketing directo, por ejemplo, estaría cometiendo una grave equivocación. Algunas agencias intentaron este enfoque, conocido como "marketing integrado", pero pocas tenían políticas adecuadas. Es cierto que los grandes grupos de publicidad han adquirido una variedad de empresas de marketing, incluyendo agencias de relaciones públicas. Sin embargo, no incluyeron estas agencias en sus departamentos de publicidad convencionales. La generalización nunca supera a la especialización.

Si se comparan Estados Unidos y Europa en lo que respecta a la publicidad, ¿cómo ve la creatividad y el manejo?

Aunque no estoy actualizado en temas de gerencia, no hay pregunta posible sobre la creatividad porque la publicidad europea es más creativa. En otras palabras, presta más atención a lo innovador y distintivo. Esto no implica que la publicidad europea sea más efectiva. La creatividad por sí sola no siempre es beneficiosa. La falta de coherencia de la publicidad actual en

América y Europa sería su principal crítica. Solo si las circunstancias de la empresa cambian, se debe cambiar una buena campaña publicitaria. Sin embargo, muchas empresas cambian su publicidad una vez al año, y eso generalmente es un error.
¿Cómo son observadas sus ideas por el mundo publicitario?

Claramente, la mayoría de las agencias de relaciones públicas de Estados Unidos han leído nuestro libro "La caída de la publicidad y el auge de las relaciones públicas" y están de acuerdo en todo momento. Las agencias de publicidad están en contra del concepto que estamos proponiendo. No obstante, no todos. Nuestro trabajo ha recibido muchas críticas, pero creo que son ideas que deben madurar con el tiempo. La crítica es esencial para tener pensamientos fuertes. Sin embargo, en general, estamos muy satisfechos con los efectos que tuvieron en el marketing.
Visualización del mundo

¿Cuáles son las empresas que mejor hacen marcas en los Estados Unidos, Europa, Asia y América Latina, según usted?

Deberán disculparme usted y sus lectores, pero volveré a los mismos ejemplos anteriores porque de los buenos se aprende. En los Estados Unidos, opté por iPod y Starbucks. El primer reloj de alto costo en Europa fue BMW y Rolex. El primer automóvil de lujo japonés, Lexus, se presenta en Asia. El primer videojuego fue de Nintendo. En Latinoamérica, destaco la cerveza Corona porque fue la primera cerveza mexicana en salir al mercado estadounidense. Después de descartar a Corona, hay muy pocas marcas latinoamericanas que sean populares en todo el mundo. En América Latina no hay ninguna de las 100 marcas más valiosas del mundo, según las estimaciones de Interbrand. Es lamentable.

¿Cuáles son sus sugerencias para que las empresas latinoamericanas tengan éxito en los mercados internacionales?

Muchas empresas latinoamericanas están tratando de unificar sus líneas de productos, siguiendo las mismas estrategias utilizadas por las empresas asiáticas en los mercados occidentales. Sin embargo, para tener éxito en los mercados internacionales, una empresa debe desarrollar un solo producto que sea distintivo y distintivo, bajo una sola marca y con un alcance global amplio.

¿Cree que la dirección de marketing estadounidense está familiarizada con sus conceptos?

Algunos sí, otros no. Muchos gerentes de marketing en Estados Unidos están familiarizados con nuestras ideas, pero algunos se oponen a ellas, particularmente en lo que respecta a la expansión de la marca. Se oponen abiertamente.

Usar un toque al hablar

La mayoría de los humanos necesitan ser tocados, especialmente dentro de los perímetros de una relación saludable y feliz. Sin el importante factor de contacto que se ejerce constantemente, ambas partes eventualmente sentirán el ingrediente que falta y esto podría conducir a algunos resultados perjudiciales.

Tocar

Tocar y ser tocado es algo que toda relación sana debería experimentar a diario y con la mayor frecuencia posible. La necesidad de tocar es muy primaria y básica, y acariciar este deseo hará que ambas partes se sientan apreciadas y satisfechas.

Debe entenderse que no todos los toques deberían conducir idealmente a alguna

forma de actividad sexual, ya que esto no solo es apremiante sino también bastante innecesario.

El acto de tocar debe ejercerse principalmente como una forma de transmitir amor, intimidad, consuelo, felicidad y cualquier otra connotación positiva que sea saludable para las relaciones.

Un gesto físico amoroso puede ir muy lejos y algunos dicen que va más allá de la palabra hablada. Mucha gente responde bien al contacto físico siempre que no tenga una connotación sexual, a menos que el contacto esté específicamente destinado a ser así.

La mayoría de las personas simplemente no son conscientes de los enormes efectos que puede transmitir un simple toque, por lo que a menudo cometen el grave error de no incorporar la acción del tacto en la vida cotidiana dentro de una relación. La mayoría de los matrimonios al borde del colapso generalmente coincidirán en el hecho de que casi no hubo contacto

físico dentro de la relación, a menos que el
 sexo fuera la agenda.
Este es un escenario bastante triste para vivir, ya que tocar dice mucho sobre los sentimientos de amor y cercanía de la pareja dentro de la relación.
Incluso cuando se tiene una conversación simple con la otra parte, se pueden iniciar algunos toques para ayudar a la persona. *relax*y ser más receptivo a lo que se dice.

Estrategias de Comunicación y Servicio y Cultura

Introducción

Este capítulo explica qué implica establecer una cultura en la empresa que esté enfocada en la consecución de una comunicación completa. Esto se hace para que todo el esfuerzo del personal se centre en brindar un servicio óptimo y una comunicación completa con los clientes a través de una variedad de estrategias.

A continuación, abordamos la perentoria necesidad de implementar una cultura de comunicación completa que diferencie estratégicamente a la empresa de los competidores actuales y futuros, y le permita establecer un alto nivel de servicio al cliente como parte fundamental del plan estratégico.

Por lo tanto, describimos un proceso de implantación, un sistema de comunicación adecuado con la cartera de clientes propias y potenciales, que se utilizará para crear políticas de servicio completo a cada cliente y un plan de capacitación y motivación del personal para cambiar su relación con los clientes. Seguimos mencionando los métodos y técnicas relevantes para satisfacer a los clientes y establecer relaciones interpersonales, lo que conduce a la fidelización y permite establecer políticas de servicio personalizadas adecuadas. Además, permitirán desarrollar una estructura de servicio al cliente al señalar las prioridades reales de cada uno de ellos y la importancia de la comunicación del conocimiento para crear una imagen de marca innovadora y diferenciadora.

Exponemos ocho métodos que pueden usarse para construir con éxito un sistema de comunicación integral que permita establecer relaciones positivas con todos los clientes de la empresa.

Finalmente, incorporamos dos elementos de la cultura empresarial que consideramos necesarios para encauzar al personal hacia una cultura de comunicación, conocimiento y cambio constante. Esto se logra a través de lemas y frases motivadoras y una formación adecuada para los recién llegados a la empresa.

En conclusión, podemos observar una similitud entre la Revolución Industrial y la Revolución de la información y la comunicación, la cual da lugar a la red de redes, como internet y las nuevas TIC que se han establecido en las empresas digitales.

Definición y fundamentos

La cultura empresarial es lo que define cómo es una empresa y cómo responde a los problemas y oportunidades de gestión y cómo se adapta a los cambios y requerimientos de orden exterior e interno. Esta cultura se interioriza en forma de creencias y talantes colectivos que se transmiten y enseñan a los nuevos miembros como una forma de pensar, vivir y actuar.

El propósito debe plantear una meta que dé sentido a la empresa y debe ser duradero en el tiempo. Tanto en la actualidad como en el futuro. Para dirigir nuestras acciones hacia ese objetivo, será necesario establecer un logro que, además de ser el objetivo a largo plazo, nos sirva como referencia en términos de tiempo y forma. Es por esta razón que debemos diseñar la misión.

La misión recopila los objetivos de orden superior de manera sintetizada. Traduce la abstracción de la filosofía que se incluye en el propósito en un proyecto concreto y motivador que impulsa el progreso de la organización y fija su atención. Al mismo tiempo, constituye la expresión genuina y sentida de los deseos íntimos que las personas buscan en su trabajo.

Los valores son la base de toda cultura empresarial porque dan a todos los empleados un sentido de dirección común y unas pautas para su trabajo diario. El carácter fundamental de la organización se define por sus valores, que crean un sentido de identidad en ella.

Las políticas generales establecen los objetivos generales de la empresa en una variedad de áreas, generalmente relacionadas con los sistemas de gestión. Estas políticas buscan alcanzar los objetivos fundamentales aplicando las líneas directrices de gestión estratégica y asumiendo los contenidos de la misión. Constituyen nuestra respuesta al reto competitivo del futuro.

El propósito, la misión, los valores y las políticas deben revisarse periódicamente para ratificar su contenido o adaptarlos a los desafíos que plantea un mundo en constante cambio. Debemos estar preparados para cambiar todo lo que sea necesario y transmitir esta necesidad de cambio al resto de la organización si queremos estar a la altura de los desafíos que se plantean en un mundo donde las ideas y los conocimientos se innovan con la celeridad del momento actual.

Las autoevaluaciones basadas en el modelo EFQM2 o similares son una herramienta ideal para evaluar el grado de implantación y eficacia si los procesos, sistemas y objetivos están en armonía con el propósito, la misión, los valores y las políticas.

Estas creencias fundamentales, junto con sus compromisos y habilidades, conforman la cultura empresarial y, impulsadas y dirigidas por el liderazgo, definen la identidad perseguida y funcionan como factores de adaptación y transformación del entorno exterior, así como el desarrollo de mecanismos internos para enfocar la gestión de manera única y distintiva de otras empresas.

Los elementos mencionados anteriormente, la sensación de pertenencia, la flexibilidad para establecer objetivos compartidos, la gestión completa de la empresa con sus objetivos estratégicos y los estándares de evaluación de los resultados son algunos de los signos de la cultura empresarial.

Cada cultura empresarial u organización tiene su propio lenguaje y categorías conceptuales. Es esencial establecer o consensuar los límites de la identidad como grupo y establecer las reglas de juego en las relaciones con los miembros de la organización.

Las empresas expresan en sus objetivos un conjunto de valores sólidos que sustentan todas sus políticas y acciones. La invariable adhesión de todo el cuerpo social a dichas creencias es uno de los factores más importantes del éxito empresarial. Estas suposiciones son impulsadas por el liderazgo y tienen como objetivo definir la identidad perseguida, la adaptación del grupo al entorno externo y la integración de sus procesos internos para su adaptación y supervivencia.

Una organización debe estar preparada para cambiar en sí misma todo lo que sea necesario a lo largo de su historia empresarial si quiere estar a la altura de los desafíos que le plantea un mundo en proceso de cambio.

Esta filosofía de empresa o impulso fundamental tiene más importancia que los recursos técnicos o económicos, aunque son necesarios para el éxito. La firmeza con la que las personas que integran la organización creen en sus preceptos básicos y los cumplen tiene más importancia.

Política para la cultura

En la actualidad, es innegable que los cambios provocados por la tecnología, la economía y el conocimiento tendrán un impacto cultural significativo. A pesar de que estas transformaciones son inevitables, la política cultural debe apoyar y fomentar la capacidad de la población para llevarlas a cabo.

Hasta el momento, el propósito de la política cultural se ha centrado principalmente en la gestión de manifestaciones artísticas, festividades populares, museos, teatro, literatura, pintura y la recuperación de prácticas lúdicas que habían caído en desuso.

Debido a que los cambios son rápidos y profundos y van a serlo cada día más, ha llegado el momento de revisar las prioridades. No se puede preparar para enfrentarlos visitando museos, asistiendo an eventos lúdicos importantes, yendo a shows de danza, conciertos o representaciones teatrales.

Por lo tanto, la política cultural no solo debe enfocarse en los temas habituales, sino también en otros ámbitos de la cultura, comprendiendo la cultura en todas sus facetas antropológicas, institucionales y sociológicas.

La capacidad de adaptación de las personas y su equilibrio emocional frente a la incertidumbre, la ambigüedad y la indeterminación; la gestión de la novedad; la forma en que funcionan las organizaciones, en la que se deben cambiar hábitos, actitudes, visiones y algunos principios muy enraizados para que se hagan más flexibles y abiertas a la novedad; y la creación de marcos de actuación que permitan que las personas se adapten y

En este punto de inflexión, es necesario que aumentemos nuestro enfoque en la política cultural, dedicando más tiempo y recursos al desarrollo de recursos intangibles en lugar de infraestructuras físicas. Debemos identificar los nuevos ámbitos en los que la política cultural debe enfocarse, utilizando estos recursos intangibles para adaptarnos a los cambios. También debemos repensar las prioridades, reorganizándolas en función de las necesidades actuales.

Los esfuerzos que hagamos en la prevención del envejecimiento institucional y en el lanzamiento del crecimiento cualitativo de nuestros marcos institucionales, no solo en el ámbito de la institución municipal, sino también en otros ámbitos: la empresa, la enseñanza, la sanidad, serán un campo paradigmático de la nueva política cultural.

Por qué la inteligencia emocional es importante para tu empresa

Como ya sabes, las personas que conforman tu empresa son más importantes que el dinero que amas. Porque sin ellos, no podrías hacer lo que haces o, al menos, no al mismo nivel que lo estás haciendo ahora. Por lo tanto, es esencial que como líder sepas administrar a tu equipo para que pueda aprovechar al máximo su potencial. Es necesario dominar el arte de la inteligencia emocional para lograrlo. Y no te estoy pidiendo que estudies o leas muchos libros. La verdad es que no estaría mal. Sin embargo, te recomiendo que, como mínimo, tengas en cuenta estos elementos:

Para comenzar, me gustaría hablar sobre el autoconocimiento. Para poder liderar un equipo de personas y conocer cómo mejorar sus habilidades, primero debes conocerte a ti mismo. El primer paso es reconocer tus debilidades para trabajar en ellas o identificar tus fortalezas para potenciarlas. Como resultado, será mucho más fácil interactuar con los demás y determinar las funciones que cada uno de ellos debe desempeñar dentro de la estructura del equipo.

La motivación también es crucial en este sentido. Primero debes encontrar tu propia pasión y luego saber cómo transmitirla a los demás para que tengas un equipo al 1000%. La pasión, el desafío, la superación, los retos y la satisfacción por el trabajo bien hecho Para encontrar esas sinergias que realmente dan impulso al conjunto, estos conceptos deben resonar en ti y en tu equipo.

Claro que no podemos olvidar la empatía. Y en el ámbito de la inteligencia emocional, tal vez esta habilidad sea la más conocida. ¿No te parece a ti? Me refiero a la capacidad de ponerse en el lugar de los demás, como ya sabrás. de intentar comprender todo lo que te están explicando. incluso si puede sentir lo que la otra persona siente. Entenderás mucho mejor por qué se comporta como lo hace o por qué toma las decisiones que toma si te pones en su lugar. Es mucho más fácil comunicarse entre personas y lograr una mayor cohesión del equipo mediante la comprensión y la empatía.

Finalmente, pero no menos importante, las habilidades interpersonales. En este momento, no hay mucho misterio. Se requiere habilidades de comunicación, habilidades de escucha, habilidades de negociación, mente abierta, respeto hacia todos y mucho más. Las habilidades sociales aumentan la facilidad de relacionarse.

Según varios estudios, las personas que dominan la inteligencia emocional tienen muchas más probabilidades de lograr sus objetivos. Y estoy hablando tanto de aspectos personales como profesionales.

Como quiera que lo separemos, siempre hablamos de lo mismo: el contacto y la relación entre personas. Y si te paras a pensar, pasamos casi la misma cantidad de tiempo en el trabajo que fuera de él. Sin contar las horas que estamos durmiendo, claro.

¿Cuál es mi intención? La única diferencia es que si eres trabajador, no puedes elegir a los empleados. Sí, si eres el líder. Tienes que buscar esa sintonía en las personas que conforman tu equipo y cuando la hayas encontrado, debes aplicar todo lo que sepas sobre inteligencia emocional para mantenerla.
¿Por qué debería ser utilizado en la empresa?

Como ya te he mencionado, pasas muchas horas trabajando en la empresa y también tienes que interactuar con otras personas. Y no me digas que no, ya que, aunque ahora estés solo, tendrás que enfrentarte a proveedores, colaboradores y clientes. Sin importar cuál sea su situación actual, cree que te enfrentará an una variedad de dificultades, incluida la gestión del cambio, la frustración, la queja, el miedo, la culpa, las rencillas personales y otros desafíos. Dominar las bases de la inteligencia emocional te permitirá lidiar exitosamente con realidades que posiblemente ahora te superan.

Según algunos expertos en el tema, en un futuro cercano, el coeficiente emocional será incluso más importante que el intelectual porque nos permite determinar cómo reaccionaremos ante circunstancias adversas. El coeficiente emocional nos permite evaluar si un miembro del equipo puede ser un buen líder y, por lo tanto, nos indica a quién delegar en caso de que así lo deseemos.

Al final, buscamos personas que busquen soluciones en lugar de problemas adicionales. Por lo tanto, ¿por qué no considerar esta habilidad al contratar a alguien nuevo?

Debe delegar su liderazgo an otros.

En este momento, no es necesario que te plantees faltar un solo día a la semana a tu trabajo. Pero debes ser honesto contigo mismo y admitir que debes delegar alguna o todas tus tareas si quieres más tiempo libre. Tú decides cuál es tu rango. Más tiempo tendrás para hacer otras cosas cuanto más delegues.

En este sentido, si no tienes confianza en tu equipo, te equivocarás. Debido a que nunca serás un empresario, sino un trabajador autónomo. Estarás en el estereotipo de un individuo autónomo que se dedica a su propio trabajo. Sí, debería estar en tus planes para el futuro delegar. Para lograr esto, tener una sólida inteligencia emocional te permitirá elegir mejor quién será un sucesor digno para ciertas tareas. De hecho, podrás usar la inteligencia emocional para identificar las fortalezas y debilidades de cada miembro de tu equipo y determinar en qué roles desempeñarían mejor.

El comentario

Hasta ahora, te he dado una explicación de tu papel en todo esto, así como de todo lo que puedes ofrecer a través de la inteligencia emocional. Es verdad que podría explicarte mucho más, pero no es mi intención porque esto sería demasiado extenso. Pero lo que obtienes cuando aplicas lo que has dicho hasta ahora es otro punto muy importante.

Poco a poco observarás cambios en tu entorno. Te darás cuenta, por ejemplo, de que acudirán a ti con más frecuencia en busca de consejo o ayuda, de que serán capaces de ser menos dependientes cuando les asignes una tarea, de la sinergia que se crea entre las personas que trabajan en la misma dirección y de que se sienten motivados. Estos y otros cambios serán solo componentes que agregarán e incluso multiplicarán los resultados actuales.

Además, con la ayuda de la inteligencia emocional, tendrás las herramientas necesarias para motivarlos de manera más efectiva, persuadirlos para que alcancen metas específicas y, sobre todo, para comprenderlos y brindarles lo que necesitan cuando las cosas no vayan tan bien como deseamos. No hay discusión cuando las cosas funcionan. Un buen líder, sin embargo, es aquel que se mantiene firme incluso cuando las cosas van mal. ¿Estás listo para interactuar con otras personas?

La obligación del empresario

Cuando alguien te hace algo que no te gusta, tienes dos opciones: o te pones en plan víctima, adoptando una postura defensiva y pensando "no puedo hacer nada y mira lo mal que estoy", o decides aceptar tu parte de responsabilidad y actuar en consecuencia. ¿Eso significa? Esto significa que reconoces que no eres inocente y que tus acciones afectan tus resultados y las cosas que conforman tu entorno.

Te propongo un ejemplo para ilustrarlo un poco mejor. Imagina que su negocio no ha aprendido a digitalizar y ve cómo las ventas caen en picado durante esta pandemia. En este caso, te presento las mismas dos opciones que tienes: ¿Crees que la pandemia es responsable de todo esto y que estás en ruina porque no puedes luchar contra eso o crees que el problema real es que no has sabido adaptarte al cambio? Puede que me expreses: "Es posible, Maribel, que ambas cosas sean un poco diferentes..."

Consideralo de nuevo...

Hace mucho tiempo que estamos discutiendo sobre la digitalización, lo crucial que es estar presente en el mundo en línea y los efectos que tiene la globalización del mercado. ¿Realmente crees que esto te ha sorprendido? Aunque es cierto que la pandemia nos ha llegado de repente, su impacto en el mercado ha sido la aceleración de todo el proceso de digitalización que se había anticipado hace años. Como resultado, el aumento de las compras en línea, el teletrabajo y la implementación de herramientas que antes no se usaban en el lugar de trabajo han sido posibles.

Es cierto que este virus nos ha tomado por sorpresa y que no podrías haberlo evitado. De hecho, hay muchas cosas en esta vida que no puedes controlar, pero siempre puedes elegir cómo te comportarás ante estas cosas malas.
Una lección de vida
En esta nación [2] no estamos acostumbrados a cometer errores. Siempre intentamos hacer las cosas bien desde el principio, pero nadie nace enseñado y para aprender algo de verdad no basta con que te lo expliquen, sino que también tienes que vivir la experiencia, lo que implica la posibilidad de equivocarte. Pero cometer errores no debería ser algo malo; debería ser una oportunidad para aprender cómo hacerlo mejor en el futuro. Muchas de las

frustraciones que experimentamos tienen que ver con la cultura. Al pensar que hemos fallado en algo o en alguien, nos sentimos rechazados cuando en realidad debería ser una oportunidad de aprender. Al final, como te he dicho anteriormente, tú decides qué actitud quieres tener.

Vamos a ver un ejemplo en un contexto laboral siguiendo este hilo y retomando el tema de la responsabilidad.

Si hay un conflicto entre sus empleados, puede interceder intentando encontrar una solución o permitiendo que se arreglen entre sí. En otras palabras, buscar la manera de decidir si es o no parte de la solución. Sin embargo, es muy probable que lo que hagas tenga un impacto directo en su productividad. ¿Es eso dañino? En realidad, es muy probable que asumas el papel de víctima y te enfrentes directamente an ellos si no intervienen. Si, por otro lado, crees que es apropiado participar activamente en la situación, significa que entiendes que lo que sucede en tu entorno laboral también te afecta y que es probable que tengas la capacidad de tomar medidas para resolver o, al menos, reducir ese problema. Si aún así las cosas no funcionan, podrás tranquilizarte sabiendo que hiciste lo que pudiste y deberás tomar nota de dónde empezaron a fallar las cosas para evitar que esto suceda en el futuro. Habrá consecuencias independientemente de lo que decidas. La diferencia radica en tu actitud y en si realmente hiciste lo que estaba en tu mano o no.

La posición más confortable

Lo más fácil es tirar balones fuera, tomar el papel de víctima y apuntar con el dedo an otros. ¿Qué es lo que reduce la facturación? Los comerciales se relajan y ganan mucho dinero.¿Qué se quejan los clientes de la baja calidad del producto? Es común que los proveedores sean cada vez más corruptos. ¿Los empleados no están involucrados con la empresa? Claro, porque solo se preocupan por su bolsillo y luego se van, y si te he visto, no me acuerdo de ti.

Puede que la posición que acabas de leer sea la más cómoda, pero también es la que tiene más dificultades. ¿Realmente crees que no puedes pedir que todo mejore? Estos son solo algunos ejemplos, pero seguramente encontrarás más en tu entorno si te paras a pensar.

¿Acaso una posición de poder reduce la facturación? Quizás debería reunirse con los comerciales y ver qué está pasando antes de juzgar su trabajo si depende de su gestión. Este problema puede ser el resultado de varias razones, como no usar técnicas de venta efectivas, no dirigirse a las personas adecuadas, no estar lo suficientemente motivado o no tener los medios adecuados para completar sus tareas. Y podría continuar, pero lo dejaré allí. Será mucho más fácil encontrar una solución cuando sepas cuál es el problema real.

¿Qué se quejan los clientes de la baja calidad del producto? En realidad, es muy probable que elijas tú mismo a los proveedores con los que trabajas. En otras palabras, siempre tienes la opción de buscar otras opciones si el material no te satisface.

¿Los empleados no están involucrados con la empresa? Al final, cada uno de ellos sigue an un líder. Es fácil volver an una actitud similar si ese líder (tú) no se preocupa por ellos. El líder actual, el neolíder, debe actuar como un ejemplo para que los demás lo sigan, en lugar de ascender al trono de hierro para gobernar desde la cima.

¿Te das cuenta de que en cada uno de los casos, cuando asumes la responsabilidad de lo que ocurre a tu alrededor, también adoptas una posición de poder? Tienes la capacidad de cambiar las cosas; simplemente debes tomar la decisión de hacerlo y dejar de culpar a los demás por todo lo que no te gusta.

La culpa no es la responsabilidad.

Interceder significa asumir la responsabilidad de lo que te toca. Claro, hasta dónde llegues. Pensar que los dos partidos políticos mayoritarios de tu nación no se entienden entre sí debido an una mala gestión no es lógico. Por favor, seamos coherentes. Hay muchas cosas sobre las que no podemos influir, pero podemos controlar algunas y asegurarnos de que sean como queremos. especialmente en el contexto de la empresa.

La responsabilidad implica comprender que tienes la capacidad de cambiar las cosas y tomar medidas para hacerlo si no te gustan. Cuando te reprochas cosas del pasado (que, por supuesto, no puedes cambiar) y que ahora crees que están mal hechas, aparece la culpa. Pensa que tomaste esa decisión porque te pareció la mejor opción en base a la información que tenías en ese momento. Ahora tienes más información y es probable que cambies de opinión si pudieras viajar al pasado. Sin embargo, es imposible hacerlo, así que no te culpes por algo que no puedes cambiar y aprovecha la oportunidad para aprender la lección. Por lo tanto, no debemos sentirnos culpados porque nadie es perfecto, pero como líderes debemos mantener una actitud de progreso constante.

Como lidiar con un cónyuge enojado

En cualquier relación, no solo en un matrimonio, lidiar con una pareja enojada puede ser difícil y estresante. Si continúa, incluso puede enojarse a sí mismo, lo que resultará en dos personas enojadas tratando de hacer que las cosas funcionen. Esto nunca es positivo.

Para tratar an una pareja enojada de manera efectiva, primero debes resolver el problema. ¿Qué los está molestando? El estrés puede causar enojo, y probablemente porque alguien se siente amenazado o atacado, frustrado o impotente, y puede sentirse maltratado o dado por sentado.

Cuando vivimos con un cónyuge enojado, todas estas señales nos pueden hacer sentir estresados. La ira puede acumularse gradualmente y solo empeora si no hay comunicación. El obstáculo más difícil que con frecuencia encontrará al lidiar con un cónyuge molesto es pedir un cambio. Pueden sentir que usted los está victimizando, que es egoísta, que no entiende sus sentimientos, que lo culpa de todos los problemas y que les da una retroalimentación negativa a la que les resulta difícil responder cuando usted les pide que cambien.

Por lo tanto, veamos algunas formas saludables de calmar la ira de su pareja y vivir una vida feliz juntos:

Reduzca su ira

Asegúrese de estar tranquilo y abierto antes de hablar con su pareja. Esté completamente presente y en el momento, y no juzgue. Esto incluye estar atento y consciente de sus propias emociones; cuando empiece a sentirse agitado o sienta que está perdiendo el control, simplemente dígales que necesita tomar un momento y regresar.

Si no tiene esta opción, concentre su atención en su respiración y tenga compasión por sus palabras y sentimientos. Incluso si se habla del pasado, no se centre en él porque lo único que importa es el presente.

Aligerar la presión con contacto físico

Cuando estén sentados, ofrézcales su mano o siéntese a su lado con la mano en su rodilla para mantener contacto visual. Permítales saber que los ama y quiere que funcionen a lo largo de la conversación.

Habla con tranquilidad y optimismo.

Las emociones son contagiosas, así que si está tranquilo y mantiene la compostura, su pareja también lo hará. Dado que un tono agudo o agresivo parecerá falso e ignorante, hable con suavidad y mantenga un tono bajo estable. Su pareja lo seguirá cuando se exprese de esta manera. Si la discusión se vuelve tensa, hágase cortés o continúe en un tono tranquilo, pero no levante la voz.

Sea compasivo con su ira.

La ira es una forma de dolor interno. Significa que su pareja no es consciente de sus sentimientos y los comparte porque no han practicado o recibido educación sobre ellos. Cuando note que están enojados, simplemente diga: "Puedo notar que te estás enojando, no hay ninguna amenaza aquí, ¿podemos hablar de por qué te estás enojando tanto?" Me gustaría ayudarte, pero necesitas comunicarte para que pueda comprender tus motivaciones. Esto demuestra que es compasivo sin tener control sobre sus sentimientos.

Manténgase en silencio prestando toda su atención an ellos.

Ten paciencia con tu pareja y permite que hablen. En ocasiones, lo único que debe hacer es sentarse allí y permitir que se ventilen. Escuche el punto en lugar de la emoción y mantenga la mente abierta. Si está consciente de esto, permanezca en silencio y déjela hacer lo que debe hacer porque una persona enojada normalmente siente que no puede expresarse excepto con ira. Puede que se den cuenta de que pueden tener una voz o una emoción más fuerte que usted al terminar su despotricada.

Admita que ha cometido errores.

Esto demuestra que están dispuestos a resolverlo juntos si asumen la responsabilidad de lo que hacen para contribuir a su enojo. Demostra que es honesto y que no está culpando a los demás. Es más probable que experimenten sentimientos de culpa por estar molestos. Con esta actitud, los calmará y les ayudará an entender que está aquí para apoyarlos y tomar la iniciativa.

No elimine el pasado.

Si su pareja saca a relucir el pasado, hágales saber que están discutiendo el problema que acaba de surgir. Debido a que su enfoque principal es el aquí y ahora, asegúrese de que hablará sobre sus sentimientos que giran en torno a lo que sucedió en el pasado en un momento diferente.

Establezca normas y límites

La solución es el objetivo final de la conversación. Para cada uno, establezca límites y pautas sin dar ultimátums. ¿Podrías decir: "Intentaré acordarme de llevar al perro a dar un paseo por la mañana por mi cuenta, pero si lo olvido, ¿podrías recordármelo?" O algo como "Cuando sientas que te estás enfadando, ¿puedes retirarte cuando sea apropiado para que podamos asegurarnos de que no vuelva an ocurrir?"

Además, sea asertivo al lograr lo que desea diciendo: "Entiendo cuando te enfadas, te pones ruidoso, tienes un tono o te peleas, pero eso no significa que merezca que me griten o me presiones".

¿Podrías probar a caminar o calmarte la próxima vez? Aunque esta es una pregunta retórica, su cónyuge entenderá el punto y esperamos que esté de acuerdo o encuentre un término medio.

Contextos Críticos para la Formación en Línea

Como se mencionó anteriormente, el uso de una plataforma de aprendizaje virtual como repositorio de contenidos es una de las opciones de educación a distancia basada en la Web. ¿Qué maestro no ha creado materiales digitalizados propios o se ha apoyado en libros, presentaciones, textos o material multimedia de terceros para sus clases? Esta es una muy buena manera de comenzar las clases a distancia.

Sin embargo, brinda a los estudiantes la oportunidad de acceder a la bibliografía recomendada y básica en un solo lugar, sin afectar su capacidad para realizar búsquedas adicionales de materiales complementarios en la web o en los índices bibliográficos disponibles en cada institución.

Sin embargo, cuando un estudiante ingresa al aula virtual y se encuentra con:

Un exceso de materiales sin prioridad.

Desorden en los materiales al no tener una secuencia mínima de acomodo, como agruparlos por sesión de clase, nivel de dificultad, autor, etc.

Diversidad indiscriminada de formatos de archivos (que tienen un impacto en su presentación y calidad), como: presentar archivos PDF, presentaciones de PowerPoint, leer en Word u OpenOffice en un solo bloque.

videos en FLV, MP4 o WMV que se enlazan con videos de otras plataformas.

audio en formatos como MP3, WMV y OGG.

Y la presentación de formatos desconocidos para el sistema operativo del usuario, particularmente para los que funcionan en teléfonos inteligentes.

subir materiales protegidos por derechos de autor.

Materiales de lectura o video que no son adecuados para verse en una pantalla de computadora o dispositivo móvil.

Los principios de la teoría sinérgica, particularmente el principio de la progresión, que establece que la organización de materiales en línea mejora el aprendizaje, no están de acuerdo con este escenario de repositorio de contenidos con las características mencionadas anteriormente.

Optimización de los repositorios de contenidos

Es importante que la distribución de contenidos en un salón de clases virtual sea coherente con un plan de enseñanza que evalúe cada sesión de clase la siguiente pregunta: ¿De qué manera contribuye el material de estudio de esta sesión a la competencia específica que se busca alcanzar? Por otro lado, es importante analizar la audiencia. Es decir, ¿está diseñado este material de estudio (que incluye lectura, video, audio e infografía) para el tipo de audiencia del curso?

De esta manera, al hacer estas preguntas, solo se filtran los datos necesarios para el tema. Es esencial que el estudiante se sienta seguro de que puede usar estos materiales de estudio durante el tiempo que se le reserva para la sesión de clase. Por ejemplo, si las sesiones de clase de la asignatura

"Algorítmica" de la Facultad de Ciencias y Tecnología se llevan a cabo semanalmente, el estudiante debe sentir que los materiales incluidos en cada sesión de clase son asimilables durante ese tiempo, lo que le permitirá tener tiempo para dedicarle an otras asignaturas y otras actividades diarias. Colocar diez videos de dos horas cada uno con visualización obligatoria va en contra de esta última idea.

Bajo este modelo de gestor de contenidos, es fundamental prepararse para una clase presencial utilizando los materiales disponibles en el aula virtual. Existen muchas experiencias exitosas en el área de Ciencias de la Salud donde, previamente an una práctica de laboratorio de asignaturas como Histología, se colocan imágenes de células en un portaobjetos o imágenes de radiografías de cuerpo humano para las clases de imagenología. Siempre que sea la cantidad adecuada y necesaria para que los estudiantes tengan una comprensión previa del tema, estos preparativos para el aula virtual optimizan la clase presencial.

Para archivos de lectura o imágenes en formato PDF, se preferirán materiales con índices que permitan la navegación vertical del documento, tengan un buen contraste con el fondo, permitan la impresión y tengan fuentes sin patines[22].

Escenario 2: Cursos en línea para robots

Un curso o lección en línea que carezca de elementos humanizadores como una bienvenida en texto o video, o personalización gráfica del entorno, los bloques y los contenidos se convertirá en un programa en línea para robots.

Humanizando el aprendizaje en línea.

Para que los estudiantes se conecten con lo que tienen en su pantalla, los cursos en línea deben tratarse de manera visual y comunicativa. Es necesario que esta semiótica en línea sea fácil de entender, fácil de percibir y adaptada a la audiencia. El estudiante debe sentir la atención que merece en una configuración comunicacional ideal, como el servicio al cliente de las empresas en los servicios de pre y posventa.

Generar vínculos de entrada para lograr la sustentabilidad de la interacción en línea entre docentes y estudiantes es precisamente lo que hace que el usuario reciba ese trato desde el texto inicial de la cabecera del curso, o mucho mejor con un video de bienvenida, así como un trato cálido y respetuoso a través de la mensajería de la plataforma, donde haya un intercambio de mensajes colectivos o individuales.

Como ya se ha demostrado, los foros de preguntas frecuentes y los foros de socialización son las herramientas ideales para lograr ese acercamiento humano a través de la plataforma. La clave es responder lo más rápido posible y seguir un código de etiqueta que se adapte a la audiencia. La moderación de estos foros es un arte, y las técnicas que se presentan en esta obra y en otras pueden ayudar an evitar algunos problemas en la comunicación en el curso o curso en línea.

El valor de la familia

La palabra matrimonio representa una relación entre parejas; es un modelo de sociedad donde los socios se unen bajo la guía de sentimientos compartidos.

Junto an este argumento está el deseo de formar una familia; sin duda, la familia es el modelo de sociedad más importante y primero.

Además de lo anterior, adjuntamos este breve artículo sobre el papel de la familia como base social.

Las familias desempeñan un papel importante en el desarrollo social porque son partes fundamentales y esenciales de las sociedades. Es su principal responsabilidad educar y socializar a los niños y enseñarles valores de ciudadanía y pertenencia a la sociedad.

La familia cumple una serie de roles importantes en la sociedad. Ayuda a regular la actividad sexual y la reproducción sexual, proporciona a sus miembros una identidad social y brinda apoyo emocional y práctico.

Las familias son fundamentales para la sociedad. Las unidades familiares sirven como hogar para los residentes que se convierten en miembros de una sociedad. En otras palabras, las familias son responsables del crecimiento de los niños hasta convertirlos en adultos que luego formarán la sociedad en su conjunto.

Cada uno de nosotros está influenciado y moldeado por nuestro entorno, y nuestra sociedad también lo está. La influencia y el cambio de eventos únicos puede ser más difícil cuando la sociedad es más poblada. Sin embargo, es algo fluido que puede ser influenciado para bien o para mal.

Las familias son tan importantes para la sociedad porque son el núcleo de la sociedad. Los principios de las familias se reflejarán en la sociedad en general.

¿Por qué la familia es importante? Todos nacen con un padre y una madre, pero no todos nacen en una familia feliz.

De muchas maneras, la caída de la sociedad moderna puede ser causada por la falta de familias fuertes y amorosas. Ser o no ser parte de una familia tiene un impacto en las decisiones y acciones que tomamos. Y si demasiadas personas toman malas decisiones que no benefician al grupo como un todo, esas decisiones y acciones eventualmente pueden conducir a problemas en la sociedad.

¿Por qué las familias son importantes tanto para los individuos como para la sociedad?

La familia juega un papel importante en la sociedad al dar a los niños un sentido de pertenencia. Los niños pueden desarrollar habilidades sociales a través de esta función principal de la familia.

Esto les enseña an interactuar y colaborar para mejorar a todos. Las familias también son responsables de educar a sus hijos e inculcarles valores familiares sobre la base del cuidado de sí mismos y de los demás. Esto crea ciudadanos que trabajan de manera cívica para lograr objetivos.

La importancia de la familia en la sociedad La familia es considerada el centro de la sociedad porque es donde sus miembros se ven más afectados personalmente. Este es el lugar más fácil para crear cambios y inculcar valores. La sociedad puede hacer grandes cosas cuando las familias creen que pueden ayudarse unos an otros y animarse unos an otros para prosperar y alcanzar mayores alturas.

Por otro lado, la sociedad no prosperará si las familias se mantienen en un estado abyecto de pobreza y desesperación. Cuando se trata de una sola familia, el impacto de la familia en la sociedad es mínimo. Sin embargo, en términos de familias colectivas, es enorme.

Y todos podemos hacer una diferencia positiva porque todos influimos unos an otros en nuestras comunidades conectadas. La familia juega un papel importante en la creación de la sociedad al proporcionar los elementos esenciales que dan forma al futuro de nuestra sociedad.

La unidad familiar es crucial para convertirnos en mejores personas y ciudadanos de nuestra sociedad.

En la cultura occidental, la importancia de la familia tiene una larga historia y forma parte de nuestra identidad social. Las familias son una importante fuente de ayuda práctica en el día a día. El resultado final es una mayor estabilidad social y una disminución de la pobreza. La influencia que tiene la familia en la sociedad no debe ser subestimada.

Los niños aprenden an interactuar adecuadamente con sus padres y hermanos como parte de una familia nuclear, lo que nos prepara para relaciones futuras. Luego aplican estas lecciones de vida en sus relaciones con empleadores, amigos, personas importantes e incluso extraños.

La interacción de las personas con la sociedad se basa con frecuencia en estas relaciones familiares. Tienen un impacto en las relaciones que se desarrollarán como miembros de la comunidad.

Las familias brindan un lugar seguro: una estructura familiar sólida y amorosa permite que los niños se sientan seguros en un lugar donde pueden sentirse seguros. Los niños se sentirán cómodos siendo quienes son y se sentirán protegidos y amados. Cuando los niños se enfrentan an una crisis y necesitan ayuda, no tienen dónde ir.

Debido a que saben que son apreciados y amados, se sienten más animados y confiados en sí mismos. Los jóvenes adquieren la habilidad de brindar y recibir apoyo emocional.

Las personas tomarán más decisiones cívicas cuando trabajan an un nivel de seguridad que cuando trabajan an un nivel de supervivencia. Las personas pueden tener éxito y lograr cosas más grandes para sí mismas y para su comunidad o país con el apoyo de su familia.

Las familias nos enseñan a ser parte de algo: a través de las tradiciones familiares, las conexiones y el sentido de responsabilidad, nos enseñan an amar y apoyar a los demás.

Las familias nos enseñan a no concentrarnos solos. Ser miembro de una familia te enseña a ser parte de algo más grande que tú mismo. También te enseña cómo aceptar a los demás.

Esta es una lección muy importante porque las personas egoístas no son buenos miembros de la familia ni buenos miembros de la sociedad. Cuando se enfocan únicamente en su propio bienestar, perderán la perspectiva de cuánto más se puede lograr para todos como equipo.

Muchos estudios han demostrado que el tiempo que pasa en familia está directamente relacionado con el bienestar mental de un niño. La probabilidad de que un niño desarrolle depresión disminuye con la cantidad de tiempo que pasa con su familia. Las relaciones familiares positivas pueden mejorar el bienestar mental. Sin embargo, las relaciones negativas en la familia pueden conducir a problemas de salud mental. Las relaciones cercanas aseguran una vida familiar estable, lo que da al niño una sensación de seguridad y estabilidad.

Las personas desarrollan resiliencia cuando las familias ayudan a sus hijos a desarrollar mecanismos de afrontamiento saludables y prácticas saludables como el ejercicio y la atención plena. Además, las personas que son resilientes ayudan a las demás personas a ser resilientes.

Las familias nos transmiten principios.

Los niños aprenden el bien del mal y se arraigan en valores sólidos cuando son parte de una familia amorosa que enseña disciplina y valores familiares. Su identidad se basa en estos valores familiares sólidos. Son una parte significativa de lo que son.

Nuestros valores nos enseñan cómo encontrar nuestro propósito, respetarnos a nosotros mismos y tratar a los demás.

Por ejemplo, si enseñamos a nuestras propias familias que todos son iguales y tienen responsabilidades. Estos también son valores que defenderemos en la sociedad. Las familias son en realidad una entidad social que podemos elegir apreciar y respaldar en beneficio propio. Las parejas generalmente pueden dedicar más tiempo a socializar a sus hijos y ofrecer un mayor apoyo financiero.

Las familias son la fuerza de nuestra sociedad, ya que las familias fuertes forman comunidades fuertes y estas comunidades forman una sociedad fuerte. Es un efecto dominó que comienza en nuestras casas y se extiende a todas nuestras comunidades. La probabilidad de satisfacer nuestras necesidades básicas aumenta cuando contamos con un fuerte apoyo familiar. Esto nos ayuda a ser partes más fuertes y productivas de la sociedad.

La familia es el "ámbito donde se alcanzan naturalmente los valores éticos y culturales", según la Federación Internacional para el Desarrollo de la Familia. Además, dicen: "Teniendo en cuenta la amplia experiencia de nuestra Federación en el trato con familias en todo el mundo, vemos todos los días que la familia es donde la gran mayoría de las personas aprende habilidades fundamentales para la vida".

¿De qué manera contribuyen las familias a la sociedad? - Las familias felices y saludables dan como resultado personas que contribuyen a la sociedad. Tienen un sistema de apoyo para ayudarse mutuamente.

Por otro lado, las personas que fueron criadas en hogares insalubres tienen dificultades para integrarse en la sociedad. Les cuesta ubicarse en el mundo. Tienen dificultades con las relaciones sociales y frecuentemente abusan de drogas. La composición de las unidades familiares de una empresa tiene un impacto significativo en los valores y acciones de la empresa en su conjunto.

La sociedad necesita familias fuertes, sanas y felices. Nos enseñan a ser lo mejor de nosotros mismos, contribuir y ser parte de nuestra comunidad. Eso nos permitirá construir una sociedad y una civilización sólidas.

Con este argumento, podemos comprender la importancia de proteger las relaciones afectivas.

Proteger las relaciones es proteger a la familia y, por lo tanto, la estabilidad y el crecimiento de la sociedad.

La pregunta fundamental es: ¿por qué todavía tenemos dificultades para comunicarnos adecuadamente con las personas que están a nuestro lado, a pesar de que vivimos en una era privilegiada por la información?

La falta de entendimiento entre las parejas tiene más raíces que simplemente una falta de palabras.

Nos corresponde evaluar la relevancia del último componente de una comunicación sana, que según la mayoría de expertos es el más valioso: la habilidad de transmitir un mensaje claro.

Los sentimientos comunes

Cualquier empresa o lugar donde te encuentres te brindará oportunidades, pero depende de ti saber cómo aprovecharlas.

La creación de un puente utilizando los elementos oro, plata, cobre, aluminio y acero creará situaciones donde se producirán reacciones positivas o negativas que determinarán la permanencia deseada. Las organizaciones también se crean de esta manera, por lo que es necesario un líder excepcional en lugar de un jefe mediocre que pueda liderar a sus seguidores, quienes al final serán el pilar más importante de toda la estructura.

Debido an esto, la comunicación es crucial porque donde se comunica con seguridad y ayuda, no hay acción desfavorable.

"Las habilidades comunicativas de los líderes no son opcionales, son obligatorias", afirma Ángel Gámez, presidente de RPEX People of Success. Siempre debemos aprovechar los numerosos recursos que tenemos a nuestro favor.

De las 100.000 millones de células nerviosas que componen nuestro cerebro, 50.000 millones se encuentran en la corteza cerebral. Y cada neurona puede desarrollar entre 30.000 y 40.000 conexiones, mientras que el cerebelo puede desarrollar hasta 90.000 conexiones. Pasan 4.000 millones de impulsos por segundo de un lado an otro de los hemisferios cerebrales a través del cuerpo calloso. También procesa información an una velocidad de diez millones de bits por segundo nuestro cerebro.

Los números muestran todo el potencial que tenemos y que a veces ignoramos.

¿Eres capaz de brindar ayuda? ¡ACTÚA! Y si no te ayudan, actúa.

Si aprendiste, practicaste y aplicaste la regla "APA" y aun así no obtuviste resultados positivos, comunícate más. La canción de Óscar D' León dice: "Comuniquémonos algo, si sentimos que no podemos comunicarnos, comuniquémonos más".

No solo aprendes algo para ti; debes encontrar formas de compartirlo. Si llega alguien nuevo an un puesto de trabajo que ya conoces y reserva información con la intención equivocada de resaltar solo a usted, estás creando un ambiente corrosivo que afectará negativamente su permanencia allí. Estás subestimando an un potencial humano que te superará pronto si aplica un poco de profesionalismo.

La comunicación de acero es simplemente servir, no como un sirviente, sino como alguien que quiere ayudar.

El hombre de acero debe actuar en dos escenarios. Ambos ejemplos están aquí:

Una vez trabajando en una empresa fabricante de tuberías de petróleo (API), una falla eléctrica ocurrió a las dos de la mañana. Debido al ruido, que superaba los 80 decibeles, el trabajador que identificó el problema llamó al eléctrico, y el operador de máquina lo entendió perfectamente. El altoparlante dijo: "Eléctrico de turno, por favor dirigirse al camino 6 de tuberías". Debido a que no podían hablar o gritar ante el ruido de la planta, los trabajadores habían creado un código de comunicación en la planta. Y si hablaban a través del mismo producto, es decir, un trabajador hablaba por un extremo del tubo y otro colocaba el oído en otro extremo para evitar la distorsión de la voz. De esta manera, se cumplió el sistema fundamental de comunicación: emisor-canal-receptor. No hay duda de que había comunicación, coordinación, trabajo en equipo y sintonía en ese proceso. La comunicación era de acero.

Lamentablemente, el suministro eléctrico no pudo resolver el problema al llegar, lo que provocó una interrupción en la planta que obstaculizó el funcionamiento del proceso productivo. Después, el supervisor decide llamar a la casa del jefe de eléctricos an esa hora de la madrugada, cuando el personal no puede resolver. El jefe revisará los planos, tableros eléctricos y el sistema computarizado de anomalías para determinar si se resolvió la falla. El electricista que no pudo resolver el problema se acercó a su jefe y le preguntó qué había hecho. "Hay secretos que no se pueden decir por beneficios", respondió el jefe.

El eléctrico se quedó pensando en cómo su propio jefe no lo ayudó y al día siguiente vio que el gerente lo felicitaba por venir de su casa an esa hora de la madrugada y resolver la falla. Todas las experiencias que experimentó las tomó como una lección y aplicó lo que aquí llamamos la regla "APA".

Cada día, agarraba los planos y revisaba todos los sistemas eléctricos, luego comparaba los resultados con un sistema computarizado que detectaba una falla y luego la resolvía. Aprendió gradualmente todos los posibles problemas eléctricos. El trabajador estaba tan comprometido con su trabajo que ya no requería el jefe de los electricistas. Sin embargo, cuando las empresas en Venezuela enfrentaron dificultades debido a políticas incorrectas y disminución de costos, optaron por sacar al supervisor de los electricistas. No me gustó lo que dijo el supervisor, pero si lo hizo el electricista a tal punto de mencionarlo en esta sección.

El potencial humano supera los obstáculos si se compromete, por lo que quedarse en la posición de no querer ayudar corroe y autodestruye.

Ahora miremos el lado opuesto, uno que siempre está dispuesto an ayudar, como Mahatma Gandhi. En una ocasión, mientras protegía el techo de un lujoso hotel de la lluvia, llegó una persona que ofrecía limosina y acompañaba an un hombre rico con sus maletas hacia el hotel. En las afueras del hotel, observa a Gandhi y le pide que lleve sus maletas a su habitación si es hindú.

Sin problemas, Gandhi accedió y llevó las maletas hasta la habitación y las colocó donde el magnate quería. Como suele hacer, el hombre saca un poco de dinero para la propina y le ordena que lo tome.

No es necesario, señor.

¿Por qué no es necesario?Eres el botones y recibes la propina.

-No, señor, no tengo la responsabilidad de elegir.

El hombre rico se sorprende y le pregunta: "¿Por qué llevaste mis maletas?"

Me lo solicitó, solicité su ayuda y tengo el placer de ayudar.

Mahatma Gandhi sigue siendo un ejemplo tremendo para el mundo en la actualidad.

PENSAMIENTOS FINALES

Un gran número de empresas, organizaciones e instituciones no abordan adecuadamente las deficiencias de comunicación, que son el resultado de las actitudes personales de cada persona, y en parte tienen razón. Pero lo mejor sería usar las herramientas para controlar una situación si ya las tenemos.

Dentro de cualquier empresa, los empleados tienen derechos y deberes, y los empleados deben aprovechar el modelo inclusivo de desarrollo personal que la empresa ofrece en condiciones normales y con sentido común. La principal herramienta de trabajo y la principal implementación de protección personal debe ser un programa de formación comunicacional enfocado en la comunicación de acero.

La práctica segura de operaciones informativas en cualquier organización garantiza la plena satisfacción de los empleados y los clientes.

Por último, les presento una reflexión del líder Mahatma Gandhi que ofrece una perspectiva amplia sobre la relevancia de repetir en la práctica y repasar talleres, cursos y capacitaciones:

Observa cómo tus pensamientos se convierten en palabras, cómo tus palabras se convierten en acciones, cómo tus acciones se convierten en hábitos, cómo tus hábitos se convierten en tu carácter y cómo tu carácter se convierte en tu destino.

¡No olvides nunca que la vigilancia debe ser compartida!

Las relaciones de amistad son importantes durante las etapas centrales de la vida adulta, pero a menudo se vuelven menos importantes debido a las necesidades de una familia multigeneracional. Las relaciones laborales también disminuyen en términos de intimidad porque el enfoque principal de la mediana edad ya no es la carrera o el trabajo, sino la preparación de los hijos para la independencia a medida que los padres se acercan cada vez más an un estado de dependencia. Puede haber un período de tiempo durante la edad adulta en el que los hijos abandonan la casa (conocida como "nido vacío") y los padres continúan siendo autónomos. Los adultos de mediana edad que se casan pueden experimentar una gran intensidad en esta época sin obligaciones con su familia cercana. También puede ser un momento en el que las parejas se separan al darse cuenta de que su matrimonio no puede funcionar sin hijos de los que hablar.

La relación entre hermanos vuelve a ser importante cuando se vuelve adulto. Cuando sus hijos se van de casa, los hermanos con frecuencia vuelven a conectar y empiezan an interactuar con más frecuencia, y los padres se hacen más dependientes y tienen menos salud. Aunque es común que la relación se fortalezca en un contexto de crisis familiar, los hermanos de mediana edad hablan de un aumento de los niveles de intimidad mutua y acostumbran estar muy satisfechos de volver a ser una parte importante de la vida del otro. Sharon, de 81 años, afirma

Mientras criaba a mis hijos, solo hablaba con mis hermanas dos o tres veces al año y nos veíamos durante algunas vacaciones. Sin embargo, no reanudé mi relación con mis hermanas hasta que mis hijos se hicieron mayores, cuando tuvimos que reunirnos después de la muerte de mi padre para discutir cómo manejar los problemas de salud de mi madre. Podemos afirmar que compartíamos un motivo común y comenzamos a conversar y a conocernos más. Ahora recibo correos electrónicos de al menos una de mis hermanas todos los días. Eso es lo que me gusta.

Las últimas etapas de la edad adulta son un momento importante de transición. La norma de la jubilación ha sido establecida por los países industrializados modernos. Los adultos mayores abandonan su empleo, lo que puede llevar a la pérdida de las amistades cercanas que se han establecido en el lugar de trabajo durante varias décadas. El trabajador jubilado pasa de pasar la mayor parte del día en el trabajo a pasar mucho tiempo con su cónyuge intentando revivir la relación. Durante esta época, los adultos jubilados también deben adaptarse a salir adelante con menos seguridad económica y, con frecuencia, con diversos problemas de salud crónicos que pueden reducir su capacidad para realizar tareas.

que solían hacer con facilidad en el pasado. La mayoría de las personas mayores afirman estar satisfechas con su vida y aseguran tener un nivel aceptable de salud. Estos adultos que enfrentan desafíos relacionados con la vejez también admiten tener redes sociales de familia y amigos más pequeñas y menos satisfactorias. Para mantener la salud física y mental, tal vez en ninguna otra época de la vida es tan importante tener intimidad en una amplia gama de relaciones.

El matrimonio an una edad avanzada puede ser la conexión más personal de una persona. En este momento, discutimos la gran cantidad de matrimonios que tienen más de 65 años y han estado casados durante más de treinta años. A pesar de haber disminuido con el tiempo, el catolicismo sigue siendo la religión predominante en España, América Latina y Suramérica. Igualmente, es menos común en estas culturas que en América del Norte el divorcio. A pesar de que la separación y el divorcio están ganando popularidad, en Chile todavía es ilegal. Por lo tanto, los vínculos maritales largos son comunes en Latinoamérica y España. Las personas que están casadas por un largo período de tiempo experimentan niveles más altos de satisfacción en su relación y en su bienestar general. Las personas mayores más saludables y activas son los adultos casados y de edad avanzada.

Los matrimonios duraderos han desarrollado habilidades de comunicación y apoyo emocional. La actividad sexual que con frecuencia comunicaba intimidad en esta relación sigue funcionando de manera similar a lo largo de toda la relación (la frecuencia y la importancia de la actividad sexual en los adultos en edades avanzadas se discutirán más en el capítulo 3). Estos cónyuges satisfacen numerosas necesidades físicas, psicológicas y financieras.

micas y espirituales de sus parejas de maneras que nunca antes habían experimentado.

Las parejas de personas mayores señalaron como características esenciales para un matrimonio exitoso y duradero la consideración recíproca, el amor, el afecto, la empatía mutua, la preocupación por los hijos y nietos, una sexualidad saludable y agradable, la comprensión y los valores compartidos.

Los adultos mayores de todo el mundo con matrimonios exitosos y largos hablan de relaciones largas y saludables con rasgos similares. Recientemente, un estudio global ha involucrado an alrededor de 900 parejas casadas de hace tiempo (de 25 a 45 años) de cinco continentes diferentes (África, Europa, América del Norte, Suramérica y Asia). Los expertos investigaron los factores que contribuyeron an unos matrimonios tan satisfactorios. Estas parejas de personas mayores que están casadas hace tiempo mencionaron unas características comunes, una de las cuales era la intimidad (definida como un sentido de pertenencia mutua). Este sentimiento de pertenencia se extendía más allá de la relación de pareja y se extendía an una red familiar más amplia y al grupo de amigos. Además, mencionaron otros rasgos que ayudaron an explicar su larga e íntima conexión. Por ejemplo, señalaron como características básicas para un matrimonio satisfactorio y duradero la sensibilidad, el amor, el afecto, la empatía mutua, la preocupación por los hijos y nietos, una sexualidad agradable y continua, la comprensión y los valores compartidos.

La mayoría de los adultos mayores del planeta también son abuelos activos. En la mayoría de las culturas, el papel de los abuelos se valora y respeta. Aquí, las personas

A través del apoyo emocional positivo y de las enseñanzas a la generación más joven sobre la historia familiar y la tradición, los mayores alcanzan la intimidad con sus nietos. Según los estudios, la idea de volver a las generaciones más jóvenes (generatividad) no solo crea una conexión cercana y cercana con los nietos, sino que también ayuda a las personas mayores a desarrollar sentimientos positivos de autoestima. Los abuelos que brindan apoyo instrumental también pueden ayudar a los padres que necesitan un descanso de las exigencias constantes de la paternidad, lo cual representa una oportunidad para reforzar la intimidad entre el padre o la madre y su padre o la madre.

Durante los últimos años de sus vidas, las relaciones entre hermanos en edad avanzada pueden alcanzar un punto de gran intimidad. Según los estudios, los niveles de proximidad entre hermanos mayores con frecuencia reflejan los niveles más altos obtenidos a lo largo de la vida. No se solicita a los niños que completen encuestas sobre sus emociones relacionadas con sus hermanos, por lo que tenemos una información insuficiente sobre este asunto. Sin embargo, cuando se les pregunta a los adultos mayores a quiénes buscarían consejo en cuanto a temas emocionales, viajes o salud, optan por los hermanos con la misma frecuencia que optan por sus cónyuges e hijos. En las relaciones entre hermanos mayores, la intimidad se compara con frecuencia con la intimidad que se siente en las amistades de larga data. Los hermanos comparten historias de vida similares que, en ocasiones, se traducen en valores, actitudes y creencias similares.

Las amistades en edades avanzadas también se han relacionado con niveles altos de bienestar y satisfacción general. Los amigos pueden discutir temas que los miembros de la

La familia prefiere no hacer nada. Los estudios han demostrado que mantener un estilo de vida saludable en la vejez requiere al menos una relación de amistad cercana. La gente mayor que puede mantener una combinación de vínculos íntimos, familiares y de amistad tiene excelentes probabilidades de mantener una muy buena calidad de vida durante el proceso de envejecimiento. Para ayudar an explicar la vida social de las personas mayores y las posibles conexiones con su calidad de vida, se han propuesto muchas teorías sociales. Según los teóricos del compromiso, para que los adultos mayores puedan mantener un alto nivel de satisfacción, deberían retirarse gradualmente de las relaciones sociales y aceptar que la sociedad los aleje. Además, los teóricos de la actividad proponen que los adultos mayores deben mantener e incluso aumentar su actividad social si quieren maximizar sus sentimientos de bienestar. Según los teóricos de la continuidad, es necesario mantener el nivel de actividad social que nos haga sentir felices durante nuestros primeros años como adultos y cuando somos adultos de mediana edad al llegar a la vejez. La examina

La prueba de estas teorías es bastante desorganizada.

La teoría de la selectividad socioemocional es utilizada por algunos estudiosos americanos de gerontología para trabajar en los descubrimientos que intentan explicar la relación entre la actividad social de las personas mayores y su calidad de vida. Han observado que a medida que envejecen, las personas mayores se concentran en unas pocas relaciones y desarrollan e intensifican sus sentimientos de intimidad con estas relaciones. Las otras personas que estaban dentro de sus redes sociales y con las que, en un momento determinado,

mantenían relaciones íntimas de parentesco o amistad, pero gradualmente se excluían de sus actividades diarias. El tiempo impulsa este proceso de renovación y fortalecimiento de las relaciones sociales propias. La idea de que tenemos menos tiempo de vida nos lleva an invertir nuestra energía en pocas relaciones, pero muy íntimas. Los amigos cercanos y la familia se convierten en la comunidad más cercana de los adultos mayores. Las personas mayores que hacen la transición de una amplia red de relaciones íntimas y no íntimas an una menor cantidad de relaciones íntimas y emocionalmente intensas tienen algunos problemas.

más posibilidades de tener una calidad de vida buena.

La intimidad es un sentimiento que comienza con el nacimiento y dura toda la vida. La forma en que experimentamos la intimidad cambia sin duda a medida que crecemos. La cultura, las normas sociales, el género, la competencia comunicativa, las habilidades físicas y la madurez psicológica afectan nuestras experiencias con la institución. Aparecen las normas relacionales que guían el comportamiento comunicativo íntimo en las diferentes relaciones y momentos de nuestras vidas. La actividad sexual es un aspecto importante de la identidad en algunos tipos de relaciones (como la pareja) que con frecuencia se considera negativo al referirse a las personas mayores. Se dice con mucha frecuencia que perder el interés o la habilidad de mantener actividad sexual durante la vejez es parte del proceso "normal" de envejecimiento. El Capítulo 3 desmiente esta creencia y analiza el papel que juega el sexo en la intimidad durante este período de la vida.

La dinámica para desarrollar y mantener la intimidad entre padres e hijos empieza cuando una madre y un padre ven y tocan a su bebé por primera vez. La intimidad es instantánea, intensa y a menudo se considera un imperativo biológico para la mayoría de padres novatos porque el placer de traer un hijo al mundo es tan abrumador. Sin embargo, esta intimidad y conexión inmediata entre padres e hijos después del nacimiento no siempre son tan espontáneas y positivas. Un porcentaje considerable, aunque relativamente pequeño, de padres nuevos de todas las culturas experimenta dificultades al aceptar al bebé en sus vidas y les resulta difícil lograr incluso la intimidad más rudimentaria. Dos desconocidos sienten una atracción mutua irresistible al cruzar la mirada en una habitación llena de gente. Se cree que este fenómeno de acoso llamado "amor a primera vista" aumenta en la adolescencia y la mediana edad. Sin embargo, estudios recientes han demostrado que las personas de 80 y 90 años también experimentan "amor a primera vista".

Hace más de diez años, Betty, una residente de una comunidad de jubilados de 83 años, perdió a su esposo durante 55 años. Hasta que George llegó a la misma comunidad de jubilados hace un año, nunca había imaginado que pudiera sentirse tan próxima an otro hombre. "Un relámpago me recorrió todo el cuerpo", dijo Betty cuando lo vio por primera vez en su apartamento. Después de unos días, Betty nos dijo que pensaba en él constantemente y que por fin tuvo el valor de aparecer mientras estaban en el comedor. Me sentí como una jovencita... Hablaba con torpeza y me ruboricé. Seis semanas después, Betty y George se mudaron a vivir juntos. El

El primer contacto visual y el intenso sentimiento de intimidad instantánea pueden aparecer tanto en el comedor de unas instalaciones para jubilados llenas de octogenarios saludables como en un pub irlandés lleno de jóvenes.

En realidad, la intimidad es un sentimiento que podemos experimentar en cada uno de los ciclos vitales de nuestra existencia. Sentimos la intimidad desde el momento en que nacemos y a lo largo de toda nuestra vida, y es un componente esencial de la capacidad de una persona para llevar una vida rica y con sentido. Este capítulo examinará cómo la naturaleza y la función de la intimidad cambian a medida que crecemos. Las normas culturales de una sociedad, el género de las personas que configuran la relación, las habilidades comunicativas necesarias para llegar y mantener la intimidad y las limitaciones físicas y psicológicas que nos pueden impedir conseguir la intimidad que anhelamos son algunos de los factores que moderan el papel tan importante que juega la intimidad en nuestras vidas. Al hablar de la naturaleza y la función de la intimidad a lo largo de la vida, una consideración adicional importante es cómo las normas relacionales ayudan a guiarnos hacia comportamientos de intimidad apropiados en ciertas relaciones. En otras palabras, la forma en que comunicamos la intimidad en los vínculos familiares, las amistades y las relaciones amorosas puede variar significativamente.

Como se mencionó anteriormente, todos llegamos al mundo como seres completamente autónomos e indefensos. Para reforzar las numerosas tareas que hay que hacer para cuidar al recién nacido, nuestros padres y cuidadores participaron activamente en establecer una relación cercana con nosotros.

El impacto que el ego tiene en tu vida y relaciones

Egoísmo

"Ego" siempre tendrá una connotación más negativa que positiva. Todos tienen ego, ya sea que lo quieran o no. Lo más importante es aprender a manejarlo. Cuando tu ego supera el amor que sientes por tu pareja, esto puede terminar la relación o, al menos, causarte muchos problemas. Esta sección se enfoca en identificar cómo el ego afecta una relación y cómo manejarlo. El conflicto es más probable si tú o tu pareja tienen mucho ego. Es por eso que necesita aprender a manejarlo y a lidiar con una pareja que tiene mucho orgullo. El ego puede provocar una variedad de sentimientos negativos, incluidos miedo, ira, resentimiento y celos, que no son buenos para ti o tu relación. Sigue leyendo si desea aprender a manejar su egoísmo.

Cuando se habla de ego, las personas con frecuencia se confunden. El ego existe en todos, pero puede ser saludable o dañino. Debe estar dispuesto a hacer concesiones para el beneficio de tu relación si tienes un gran ego. El egoísmo puede arruinar tu relación, y entonces comienzan los problemas.

El amor te atraerá siempre hacia lo bueno. El amor nos lleva a ser afectuosos y compasivos con nuestra pareja y nos castiga cuando somos crueles o descuidados. El poder del afecto es lo que nos hace sentir tan incómodos cuando nos sentimos furiosos, defensivos o agresivos con nuestra pareja; no se trata de hábitos o de tu educación. Tu ego no tendrá la oportunidad de afectar negativamente tu relación si sigues a tu corazón. Siempre debes dejar que el amor controle tus pensamientos y acciones.

Sin embargo, tu orgullo puede ser un poderoso arma. Si tu amor es egoísta, tomarás decisiones en lugar de escuchar tu corazón. Tu corazón te guiará a tomar las decisiones adecuadas para tu relación. Solo tu ego te permitirá tomar decisiones egoístas y para tu propio beneficio, no para el de tu relación o tu pareja. Las decisiones que tomes solo para satisfacer tu ego serán un obstáculo para una relación feliz. El ego nos hará retirarnos a la oposición, la contienda, la batalla, la burla, las humillaciones, la tristeza, la hostilidad, la insatisfacción, el comportamiento pasivo-agresivo, la venganza, la falta de respeto, la mentalidad estrecha, la culpa, la rivalidad, la duda, el desdén, etc. con el objetivo final de reafirmarnos. Tu ego no está diseñado para resolver problemas de manera racional y pensar en el bienestar de tu relación. Si tu ego es demasiado alto, siempre estarás preocupado por evitar el daño que el amor puede causarte. Tu autocontrol será demasiado fuerte como para eliminar tus obstáculos frente a tu pareja.

El amor egoísta es una expresión de tus deseos y necesidades, no del amor. Se basa en la idea errónea de que nuestro sentido de autosatisfacción se basa en otra persona, no en nosotros mismos. Creemos que esta otra persona es todo lo que necesitamos que sea. Le exigimos ser algo que no puede ser de ninguna manera porque preferimos que sea lo que necesitamos antes de lo que realmente son. Esto puede causar expectativas incumplidas, desilusión y, en última instancia, resentimiento, lo que puede terminar con la relación.

Síntomas de que tu autosuficiencia está arruinando tu relación

Asumir la culpa

Necesita un toque de atención si siempre estás reprendiendo o culpando a tu pareja por todo. Esto ocurre cuando tu ego toma el control de tu relación utilizando tácticas manipuladoras. ¿Eres responsable de lo que haces? ¿Podrías cambiar tu punto de vista sin culpar a la otra persona? El ego te pedirá que encuentres tus errores y analices los errores de los demás. Hará todo lo posible para culpar y criticar a la otra persona. Sorprendentemente, lo que intentamos evitar en nuestras relaciones es generalmente lo que terminamos recibiendo. Tu ego te ayudará a proyectar todo esto en tu pareja si no asumes tu propia responsabilidad.

Jugar a ser víctima

¿Es arriesgado afirmar que estás desempeñando el papel de víctima en tu relación? ¿Siempre comparas a ti mismo con tu pareja? ¿Siempre te valoras demasiado? Lo que hará un ego no saludable es fomentar acciones negativas en lugar de acciones positivas. Esto te hará concentrarte demasiado en tus defectos. Si todavía estás en esta dinámica, es hora de poner a punto tu relación. No eres una persona santa. Ha llegado el momento de asumir la responsabilidad de lo que haces y dejar de culpar constantemente a tu pareja por todo.

Ser egoísta

Los celos son uno de los "monstruos" que provocan situaciones dramáticas en una relación. El ego se alimenta con frecuencia de la falta de autoestima y reconocimiento. La consideración y el cariño de ambas partes son esenciales para una relación saludable. El amor no nos lleva como el ego a compararnos, menospreciarnos y criticarnos. El ego es la fuente del peor tipo de conflicto en cualquier relación. Si estás en una relación abusiva, tu ego no te permitirá separarte de ella por celos. ¿Cuál es tu motivación para considerar estas ideas? ¿Tu pareja te hace cuestionar la legitimidad de tu relación? Esto significa que debes tomar perspectiva y descubrir claramente dónde está el abuso en la relación.

Tenga miedo de recibir rechazo.

Estos miedos te impiden avanzar y lograr cualquiera de tus objetivos. Cuando no puedes superar este miedo, eres injusto con tu relación. Una forma saludable de aumentar la autoestima será cambiar la forma en que percibes las cosas en lugar de quedarte paralizado por la ansiedad y la inquietud que te causa tu ego. El uso de malas palabras solo aumentará su orgullo. Rendirse al ego de tu pareja te hará perder tu verdadero yo. Cualquier cosa menos saludable es esto. Una relación amorosa se basa en el respeto y el reconocimiento mutuos. Tal vez sea hora de reevaluar tu relación si te sientes rechazado.

Tener la última palabra en todo momento

Cualquier pequeño detalle de tu vida diaria puede ser utilizado por tu orgullo. Si notas que hablas mucho sobre ti y no haces preguntas sobre tu pareja, probablemente quieras decir que tu ego te controla. Una gran barrera contra la armonía y la alegría total es el ego. Es la forma en que la mente nos controla. Además, tiene la capacidad de crear situaciones mentales. Es hora de aventurarse y descubrir la raíz de esta necesidad si has descubierto que necesitas tener la última palabra en todas las cosas. ¿Te sientes superior o inferior a los demás? ¿No tienes confianza en ti mismo/a y necesitas demostrar que eres digno a pesar de los problemas? El ego te hará exagerar para ocultar tu mediocridad. Si tú y tu pareja tienen muchas discusiones, es probable que tu ego esté causando estas peleas.

¿Es así como experimentas una sensación de importancia en tu relación? En ocasiones, es crucial retroceder y revisar su relación para determinar cuándo uno está equivocado y comete errores o cuándo las acciones son impulsadas por el ego. Tienes que liberarte de tu ego si quieres tener una relación fuerte y saludable.

Entonces, ¿qué deberías hacer si vives un amor egoísta o tienes un gran ego?

El sentido de autoestima del narcisista está fuertemente relacionado con tener razón constantemente. De esta manera, las personas que no pueden renunciar a su ego hacen y dicen lo que quieran, y siempre creen que están en lo cierto, muchas veces a costa de muchas otras cosas. Su deseo de estar siempre en lo correcto puede arruinar sus relaciones con colegas, supervisores, familiares, amigos y, en la mayoría de los casos, parejas. Tarde o temprano, se debe comprender que la felicidad verdadera no se puede comparar con la autoestima falsa que se produce al aferrarse a tu ego y "tener razón".

Te ayudará a comprender que no puedes tener razón en todas las circunstancias si practicas la atención plena y eres fiel a ti mismo. En algunas circunstancias, podrías cometer un error, estar confundido o estar completamente equivocado. Aprender a distinguir este tipo de situaciones y reconocer cuando estás equivocado es lo que debes hacer.

En ocasiones, puede ser difícil reconocer esto; sin embargo, ser capaz de ceder cuando te equivocas puede ser bastante liberador. Si asumes la responsabilidad de tus acciones y decisiones, pronto verás que la pelota está en tu tejado.

No necesitas ser superior a nadie. Esta necesidad puede ser muy perjudicial. De igual manera, no hace falta estar en lo correcto todo el tiempo. Nadie se beneficia de tener un nivel tan alto de competitividad.

Siempre habrá alguien más inteligente, rápido, rico y atractivo que tú. Las cosas siempre serán así, no importa la edad que tengas. Puede reparar y mejorar sus relaciones cuanto antes comprenda que no puede y no debe sentirse obligado a ser superior a los demás.

¿Por qué no intentar ser mejor en lugar de competir con los demás? Eres completamente único. Concentre su atención en las formas en que puede mejorar y mejorar sus relaciones.

Cómo lidiar con personas excesivamente egoístas

Ya hemos discutido mucho sobre el ego en general y cómo manejarlo. Hablemos más sobre cómo lidiar con una pareja egoísta ahora. El hombre suele tener problemas de ego. Las mujeres enfrentan con frecuencia este problema, que puede provocar problemas graves. Ante cualquier provocación, tu pareja será más propensa a demostrar enojo, frustración e irritación. Es importante saber si tu pareja tiene confianza en sí misma o si está lidiando con un ego tóxico.

Estos son algunos signos de que tu pareja está demasiado orgullosa:

Es necesario que sean el foco de atención. Te darás cuenta de que necesitan la atención de los demás y que se sienten incómodos cuando la atención se dirige an otra persona. Al principio, pueden parecer personas divertidas y extrovertidas, pero cuando prestas atención, verás que todo es un esfuerzo por atraer tu atención.

Hacen que todo se preocupe por ellos. Consiguen que se trate de su cuestión incluso cuando estás triste o celebrando algo. En lugar de darte consuelo cuando te sientes triste, comenzarán a contar sus propias historias tristes. En lugar de recibir apoyo, serás el/la que consuele la mayor parte del tiempo. De igual manera, hablarán sobre sus propios logros cuando quieran celebrar un logro.

En vez de reconocer sus propios errores, siempre te culpan. Cuando sean los responsables, evitarán la confrontación. Sin recibir una disculpa, terminarás disculpándote o perdonando. Incluso cuando no deberían sentirse así, intentarán hacerte sentir culpable.

Tienen una tendencia a hablar mucho sobre sí mismos. De alguna manera cambiarán de tema para hablar sobre sí mismos. Debes notar que tu pareja intenta escucharte. Si son muy orgullosos, serán los que más hablen en la relación. Debido a que nunca prestaron atención a lo que les dijiste, suelen no recordar lo que les dijiste. Secuestrarán cualquier conversación para hablar de ellos mismos.

Odiarán recibir tus consejos. Al reconocer que a veces puedes saber más que ellos, les duele su ego. Incluso si lo que dijiste es exacto, no lo reconocerán. Ellos prefieren recibir crédito por sí mismos. Odiarán reconocer que podrían no estar al tanto de algo o haber cometido un error.

Siempre se compararán con los demás y tratarán de demostrar que tienen más conocimientos o habilidades que ellos. Encontrarán formas de demostrar que son mejores que usted y los demás. Incluso podrían optar por criticar a sus amigos o familiares y demostrar que son menos importantes que usted.

Serán muy críticos con todo lo que tenga que ver contigo. Criticarán cómo te vistes, hablas, haces cosas y otras cosas. Quieren engañarte y aumentar su ego a tu costa. Su crítica solo te hará daño, nunca será constructiva.

Si observas estos signos en tu pareja, es probable que sea egoísta. Puede decidir alejarse de esta persona. Sin embargo, es posible que decida darle otra oportunidad e intentar mejorar las cosas. No sacrifices tu propio ego por el de la otra persona. Encuentra una forma de motivarlos a cambiar y reconoce sus errores. Para que su ego no comprometa su felicidad, ambos deben encontrar un equilibrio saludable en su relación. Empieza por expresar tus pensamientos y emociones. No es necesario que pelees ni grites. Puedes hacerlo tranquilamente y expresarles tu opinión sobre las cosas. Tienes que esperar a que tu pareja se acostumbre an este cambio si tienes tendencia a ser sumiso/a. Cuando lo haces, ten cuidado con quien se pone agresivo.

Comienza a negarte cuando lo necesites. No está obligado an aceptar todo lo que te dicen. Es posible que deseen tener control sobre lo que haces o adónde vas. No es necesario que acepte todos los comentarios. Sé claro/a y dile que sus necesidades y deseos son igualmente importantes que los suyos. Tu también tienes la libertad de hacer lo que quieras. Aconseja, pero no obliga an otros a seguirlos. Cada uno debe prestar atención al consejo de otro. Pero reconozca que lo que dices es verdadero o útil. Puedes tranquilamente recordarles que tú lo dijiste y que a veces podrían beneficiarse de escucharlo en el futuro.

No hagas que un egoísta se disculpe. Te harán sentir mal y se resentirán. No los obligues a pedir disculpas, pero hazles saber que crees que están equivocados. Es necesario que aprendan a hacerlo por sí mismos, lo que puede llevar tiempo.

No le pegues permiso an un egoísta para hacer algo. Su orgullo y la necesidad poco saludable de controlar su vida se alimentarán. Hazles saber que eres responsable de ti mismo y que no necesitas su aprobación para hacer las cosas.

Facilita un cambio saludable en la conducta de esa persona. Anímalos cuando hacen algo bueno y diferente de sus tendencias habituales. Sin embargo, recuérdate de mantener el control y absténgase de halagarlos demasiado. Simplemente dígales lo que valoras y lo que no. No alimentes tu orgullo con elogios an exceso. Simplemente exprese su gratitud por el comportamiento adecuado y moderado.

Tranquilízalos sobre sus inseguridades para que puedan superarlas de manera saludable. Apoyar a tu pareja es crucial. Su inseguridad puede hacer que se comporten irracionalmente con frecuencia. No ingreses a sus miedos. En lugar de resentirlos, extiende la mano y consuélalos.

Hazles saber que te necesitan y que deben valorar lo que haces por ellos. No permitas que te den por vencido. Hazles entender que su comportamiento egoísta puede hacer que te pierdan.

Teniendo en cuenta estos consejos, será más fácil lidiar con una pareja con un ego tóxico. Además, debe saber cómo manejar su ego para evitar que ponga en peligro su relación. Espero que esta sección haya mejorado su comprensión del tema del ego en las relaciones.

El habla no verbal de los adultos

El canal de comunicación auditivo
Este canal transmite un tipo de comportamiento comunicativo que el receptor percibe con el oído. La importancia de este canal en la comunicación interhumana radica en que nos permite comunicarnos lingüísticamente y lograr la adaptación del ser humano a su entorno. La comunicación no verbal tiene dos facetas paralingüísticas. La calidad de la voz y la forma de hablar son estos.

La calidad del sonido de la voz
Ante todo, el estudio de la calidad de la voz comprende dos campos. Uno incluye las características estables de la voz de un hablante, determinadas por su sexo, edad y constitución física. El otro aborda las posibles variaciones de voz causadas por oscilaciones fónicas transitorias. Investigaciones recientes han demostrado la hipótesis de que existe un "estereotipo vocal", lo que significa que

ciertas cualidades vocales pueden estar subordinadas a ciertos rasgos de personalidad. Heinemann, P. hace referencia an una investigación reciente realizada por Scherer, K. R. en Norteamérica y Alemania, en la que afirma:

Las voces llenas y en general agradables llevaban an atribuir características positivas y deseables...Las voces fuertes, penetrantes y ásperas se asocian con prepotencia y extraversión, mientras que las voces cálidas y suaves se consideran señales de una disposición amable.(4)

Scherer, K. R. llegó a la conclusión de que los "stereotipos de voz" eran estructuras de inferencia que "destacan en unas relaciones que existen de hecho entre determinadas propiedades fónicas y determinados rasgos de personalidad que, por la propia experiencia y/o por una transmisión cultural, pueden llevar a constructos deductivos cognitivos

sobre probables covariaciones de voz y personalidad".(5) La forma de hablar
Scherer, K. R. afirma que la forma de hablar se compone de cambios en cuatro áreas: variaciones dependientes de la voz y el tiempo, variaciones de la continuidad del habla y variaciones de acento o dialecto influenciadas por las circunstancias sociales. Estos cuatro cambios serán explicados por separado a continuación.

Varias formas de hablar dependiendo de la voz
Estas variaciones se distinguen de las características de la calidad fónica en gran medida debido a su conexión con la estructura lingüística de las expresiones. Por ejemplo, mientras que la tesitura como nota cualitativa esencial de una voz no tiene nada que ver con la estructura de las unidades lingüísticas, el significado de una frase está estrechamente relacionado con el curso de la curva de entonación.

Los ensayos de Duncan, Rosenthal y Udall (6) y otros demostraron que un modelo de entonación específico podría afectar el comportamiento de las personas estudiadas. Nos podemos preguntar hasta qué punto la acentuación es importante para el portador de un significado en la comunicación. La siguiente frase es la respuesta a la pregunta planteada por Cherry, C. (7):

¿Piensas que es suficiente?

Según él, puede tener cinco significados diferentes según su entonación.

Varias formas de hablar dependiendo del tiempo.
Con respecto a las variaciones temporales, Scherer, K. R. menciona los siguientes campos: la rapidez con que hablan los interlocutores (tiempo del habla); la duración de la conversación (duración del habla); los titubeos antes de comenzar o prolongar una manifestación oral (titubeos); las pausas

(pausas); el tiempo que se invierte antes de responder an una pregunta y la observación (tiempo de latencia y cómo se regula la distribución de las respuestas) y

En las entrevistas clínicas, se encontró que la duración de los gestos de lenguaje de los entrevistadores influye en la duración de las manifestaciones lingüísticas de los entrevistados, lo que resulta en una declaración prolongada del entrevistado debido an una intervención oral prolongada por parte de los entrevistadores. Por lo tanto, el tiempo de latencia y la frecuencia de las interrupciones por parte del entrevistador tienen un impacto significativo en las respuestas de los entrevistados. Además, los hablantes extravertidos hablan más tiempo sin interrupciones y con menos pausas que los hablantes introvertidos, según Ramsay, R. W. (9).

Diferentes variaciones en la continuidad del habla

En primer lugar, incluye interrupciones en la continuidad del habla y trastornos de pronunciación. S. Freud creó la noción de que los trastornos dependían de los estados de tensión y emociones del hablante; estos fenómenos se atribuyeron a procesos psicológicos inconscientes. Años más tarde, se descubrió que la timidez, como característica de la personalidad, o el stress y el miedo experimentados estaban muy relacionados con los trastornos de pronunciación.

Según una investigación de Cook, M. (11), Kasl, S. V. y Mahl, G. F. (10) distinguieron siete categorías distintas de trastornos de locución cuya frecuencia puede distinguirse de esta manera.

Cook, M. dividió estas categorías en dos según su función y causas de trastornos. Los trastornos de la categoría "ah" se les atribuyen principalmente una conexión con los procesos cognoscitivos, mientras que los "no-ah" mantienen una conexión con los estados afectivos. Sin embargo, Scherer, K. R. critica esta división porque hay investigaciones que demuestran que las cosas pueden desarrollarse a la inversa, en el sentido de que los "ah" también pueden expresar estados afectivos y los "no-ah" pueden estar relacionados con procesos cognoscitivos.

Dialecto/acento
El dialecto o acento del hablante es otra categoría de la manera de hablar. Estas variaciones de hablar muestran el trasfondo social del hablante, su origen y su estatus. Son manifestaciones del origen nacional o regional, del estrato social, de la educación y de la profesión del hablante.

Según Scherer, K. R., los oyentes frecuentemente asocian las variaciones dialectales o de acento en la forma de hablar con rasgos específicos de la personalidad. Las investigaciones realizadas por Lambert, Anisfeld y

Markel (12) han demostrado la existencia de estas subordinaciones asociativas asociadas con prejuicios racistas, sociales o nacionales.

El medio visual para la comunicación

Este canal transmite comportamientos que el receptor percibe visualmente. La importancia de este canal radica en que la transmisión de información visual siempre ocurre durante un proceso comunicativo, mientras que el canal auditivo solo se utiliza cuando se habla efectivamente.

Según Scherer, K. R., hay cuatro áreas de la conducta comunicativa que se transmiten a través del canal visual: expresión emocional del rostro (mímica), movimiento y dirección de la vista, gestos y movimientos corporales, además de la distancia interpersonal y la orientación en el espacio. Heinemann P. también menciona una cuarta categoría que fue estudiada por Argyle, M. y Graumann C. F.: el porte exterior, que se caracteriza por el atuendo y la apariencia.

la expresión de la cara.

El rostro es la parte más expresiva del cuerpo. Según Schlosberg (13), existen tres dimensiones de la expresión facial:

La complacencia se traduce como desagrado.

Atención-rechazo

activar (activar).

Ekmann, P. y Friesen, W. V. (14) reconocieron que la expresión facial depende de una serie de estados afectivos primarios, que incluyen felicidad, sorpresa, temor, tristeza, cólera, disgusto e interés.

Según algunas investigaciones empíricas, existe una estrecha conexión entre el enjuiciamiento y la aplicación de expresiones faciales específicas y estados emocionales particulares. Además, se llevaron a cabo investigaciones para determinar qué partes musculares del rostro pueden expresar emociones específicas, pero los hallazgos no fueron confiables. Scherer, K. R. hace referencia an un estudio de Leventhal, H. y Sharp, E. (15) en el que se afirma que los párpados, las cejas y la frente son los lugares más sensibles al estrés.

Argyle, M. agrega tres usos comunicativos de la mímica an estos estados emocionales:

La expresión facial muestra las actitudes del participante en la comunicación y actúa como una metacomunicación continua y comenta, ilustra o modifica la expresión verbal.
- Representa una realimentación constante que indica al interlocutor cómo se reciben sus expresiones y comportamientos.
Intercambio de puntos de vista
Por el aspecto relacional y la regulación de los procesos y actuaciones comunicativos, el contacto visual es crucial en la comunicación interhumana. La buena o mala disposición en una relación comunicativa se puede

determinar a través de las miradas, según Goffman, E. (16). Los investigadores han demostrado que la mirada de hito en hito tiene una función de gesto de amenaza y sirve para establecer y afianzar jerarquías de dominio en el comportamiento animal, especialmente en los primates. Es evidente que los humanos también desempeñan funciones similares. Las personas con una gran tendencia a la sociabilidad y una fuerte propensión a las relaciones interpersonales afectivas e íntimas intercambian miradas más que las personas sin estas características, según investigaciones sobre la conexión entre la frecuencia y la duración del contacto visual y las características de la personalidad. Además, se ha demostrado que existen diferencias entre los sexos. Debido a que se preocupa más que los hombres por las relaciones afectivas, la mujer mira con más frecuencia a su interlocutor.

La conexión entre el intercambio de miradas y la intensidad de las relaciones es otro aspecto de estas investigaciones. Se descubrió que las personas investigadas abandonaban las entrevistas con tanta frecuencia como se les hacían preguntas íntimas y personales. Estas fugas de miradas son una respuesta an un sentimiento de vergüenza que buscan ocultar o disminuir. Según Scherer, K. R., el intercambio de miradas es fundamental en la metacomunicación. Como resultado, Kendon, A. (17) demostró que el contacto visual, junto con la expresión del rostro, realimenta el proceso de comunicación. Según Kendon, A., cuando el hablante alza la vista, indica que el final está cerca y prepara al interlocutor para aceptarlo o continuar con el proceso de comunicación. Evite el contacto visual si el receptor no está dispuesto a continuar el proceso.

Es crucial señalar cómo Argyle, M. hace referencia a la incomodidad que resulta de hablar con alguien que lleva gafas oscuras y nos impide tener contacto visual.

Los movimientos expresivos de las manos, brazos, piernas, pies, tronco y cabeza están incluidos en este campo. Estos movimientos no se realizan de manera tan consciente y comunicativa como los anteriores. Sin embargo, esta distinción no les quita su capacidad para comunicarse.

Las investigaciones de Allport, G. W. (18), que distinguen entre formas de conducta orientadas por la tarea y formas de conducta orientadas por la expresión, son un ejemplo de cómo este campo puede ser examinado desde una variedad de perspectivas. En esta área, Ruesch, J. y Kees, W. distinguen entre el lenguaje de signos (sign language) y el lenguaje operativo (action language). El lenguaje operativo se refiere a los movimientos que se realizan en una conversación, pero que no se utilizan principalmente para transmitir información. La clasificación de movimientos primariamente comunicativos y otros con un objetivo práctico principal fue establecida por

Kerl, G. (19) y colaboradores; parten del hecho de que el aspecto primario de los movimientos es consciente, mientras que el aspecto secundario es más bien inconsciente. Los elementos de comunicación primarios y secundarios de la interacción directa, según Argyle, M., están condicionados por cinco factores:

convenciones sociales
Los comunicantes se comportan de manera reciproca.
Diferentes niveles de afecto y roles
Los estados emocionales del individuo.
características de la personalidad

Scherer, K. R. investigó con más profundidad los movimientos corporales condicionados por estos factores mencionados y estableció tres dimensiones en estos movimientos: "inclusión vs. no inclusión", "orientación paralela vs. orientación paralela" y "congruencia vs. incongruencia".

La inclusión en comparación con la exclusión. El grado de cerrazón de un grupo comunicante, que se puede calcular utilizando la posición corporal de los miembros, se define así. Un ejemplo es la posición de los miembros en un grupo circular, mirando hacia el entorno.

contra la orientación paralela del cuerpo. Los comunicantes expresan su relación de intercambio mutuo al encontrarse en posición frontal o paralela.

La congruencia en comparación con la no congruencia. Según Scheflen, A. E., esta dimensión indica el grado de coincidencia de las posturas corporales, con lo que se expresa la estructura grupal. Las observaciones han demostrado que las personas que se comunican entre sí generalmente adoptan la misma postura corporal, y en otros casos, una conducta no congruente permite reconocer determinadas estructuras de rol y diferencias de status en el grupo.

Además, la investigación se ha centrado mucho más en movimientos. Se ha explicado cómo funcionan los movimientos de las manos para representar y acompañar las expresiones lingüísticas, así como para expresar emociones como el miedo y el nerviosismo. Los movimientos de cabeza sirven para una variedad de propósitos comunicativos, como proporcionar retroalimentación (feed-back), señalar algo o llamar la atención del intercomunicante sobre un tema específico.

La posición de la cabeza diferente puede mostrar la relación entre los comunicantes. En su investigación, Mehrabian, A. (20) encontró que los sujetos de prueba levantaban más la cabeza cuando hablaban con una persona con un estatus superior. Argyle, M. y colaboradores descubrieron que las personas que ocupaban cargos superiores mantenían la cabeza alzada, mientras que las personas que ocupaban cargos subordinados se comportaban de manera más cabizbaja.

Elaboración de calendarios y planificación de actividades:

Era completamente novedoso para mí en la universidad tener un calendario. Sin embargo, cuando comencé a planificar semanas y semestres, me resultó muy fácil estudiar, hacer actividades extracurriculares y nunca más olvidar una tarea. La planificación del tiempo de estudio debe comenzar organizando sus actividades escolares de acuerdo con la cantidad de tiempo disponible, sin importar si es mucho o poco tiempo disponible; lo importante es que ese "tiempo" por corto que sea lo organices de tal manera que alcance y sea productivo. Sin embargo, ¿cómo comienzo a preparar? Primero, obtenga o imprima un formato de calendario que incluya las cuatro semanas del mes y los siete días de la semana. De esta manera, podrá concentrar toda la información del mes en una sola hoja.

Procedimiento para crear el calendario:

Tenga a mano el programa de clases y las actividades de la escuela para el mes que planeas. Por lo general, los colegios envían estos horarios con antelación. En la plataforma del estudiante, puede encontrar actividades, exámenes, foros y fechas de entrega en cada módulo.
Comienza a planificar según el tema o la materia. Escoge una materia y comienza a vaciar la información de cada módulo, día de la semana y hora en que debes completar el trabajo o participar en una actividad.
Distinguir las tareas según su objetivo y prioridad. Una idea fantástica es colocar una pequeña leyenda en la parte superior del calendario con colores para diferentes grupos de actividades. Por ejemplo, los foros de participación son azules, los exámenes son rojos y las tareas o artículos an entregar son amarillos. De esta manera, cuando

agregue una línea de color an una actividad, no solo lo reconocerá, sino que también podrá identificar qué actividad debe priorizar. (ROJO - Pruebas).

asegurarse de que la tarea o actividad se realice. Si tienes que completar un trabajo de clase o un trabajo que tiene una fecha límite el viernes a las 6, debes asegurarte de cumplir con esa tarea organizando otras actividades durante la semana que te permitan terminar este trabajo a más tardar el jueves. Puede poner esto en su calendario el martes a las 6: Asegurar el artículo sobre "microbiología" y luego planificar para el jueves a la misma hora: Terminar y enviar el artículo sobre "microbiología" con el viernes como fecha de entrega. De esta manera, esta tarea será completada y entregada cuando llegue el día final de entrega. El viernes solo lo usa para verificar que el trabajo está terminado y que el profesor lo ha recibido.

Reducir el tiempo. Debes saber compensar el tiempo para la actividad. Escribir un artículo de 10 hojas en formato APA no es lo mismo que hacer un resumen de 3 hojas de Word. Por lo tanto, al planificar, debes considerar que está solicitando al profesor que garantice que una tarea requiere más tiempo que otra. Las conferencias, las clases en video y las reuniones seguirán un horario establecido por el profesor en su calendario de clases.

preevaluación y seguimiento del cumplimiento. Te sugiero que dediques quince minutos a revisar el calendario para el día siguiente después de completar todas las actividades programadas. Las reuniones, las presentaciones o las conferencias en vivo son ejemplos de actividades que requieren cierta organización y preparación. También debe asegurarse de que esté preparado para completar la actividad en tiempo y forma. Por ejemplo, en tu horario tienes la siguiente actividad: El martes a las 6 p. m., habrá una conferencia en video sobre sociología. Cuando analizas la orientación de esta actividad, te das cuenta de que el profesor pide que hagas una lista de preguntas sobre un tema que se discutirá en la videoconferencia. Por lo tanto, es crucial analizar las actividades del día siguiente. Por otro lado, el control del cumplimiento es marcar cada actividad al final del día como una forma de seguridad para estar completamente seguro de que has cumplido y entregado todo a tiempo. Esto te ayudará a tomar el control y no olvidar ninguna tarea.

El calendario está activo. El calendario debe ser una herramienta activa que use cada día para incluir nuevas actividades, algunas motivadas por ajustes de tiempo libre y otras por cambios de última hora en el calendario de clases. Por lo tanto, el calendario debería ser un sistema de planificación activo en lugar de simplemente un papel para decir que estamos organizados. Durante las clases o conferencias presenciales, los profesores agregarán alguna tarea o actividad, que debe incluirse en el calendario y incluir las actividades de aseguramiento previo.

www.ingramcontent.com/pod-product-compliance
Lightning Source LLC
Chambersburg PA
CBHW050241120526
44590CB00016B/2173